Jotunheimen

Copyright © 2014 Klaus Heyne
2. Auflage
Herstellung und Verlag:
Books on Demand GmbH, Norderstedt
ISBN 9783839136485

.

Jotunheimen

Wandern in der Heimat der Riesen

von

Klaus Heyne

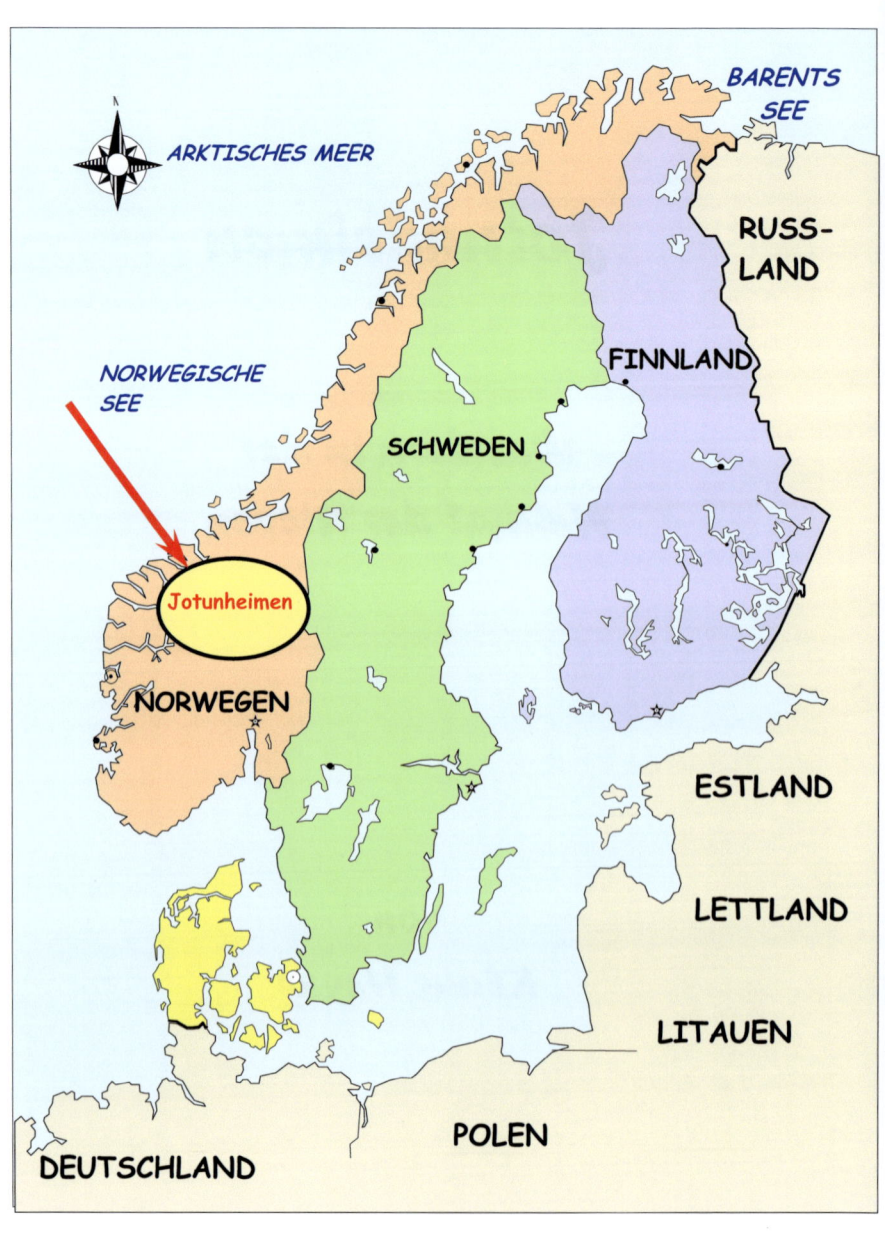

Jotunheimen

Vorwort

Wieder sind zwei Jahre seit dem Ende der letzten Wanderung vergangen. Seit Monaten schon freue ich mich auf die bevorstehende Tour durch **Jotunheimen,** übersetzt etwa: die „Heimat der Bergriesen", im Herzen Norwegens.

Der Name wurde erst im späten 19. Jahrhundert von dem Dichter Aasmund Olavsson Vinje geprägt, der dabei von der nordischen Mythologie und der wilden Landschaft inspiriert wurde. Jotunheimen ist der höchste Teil des Skandinavischen Gebirges (auch Skanden genannt), das das Land auf 1.700 km Länge und bis zu 320 km Breite vom Skagerrak im Süden bis zum Nordkapp durchzieht. Der Berg Galdhöpiggen innerhalb Jotunheimens stellt mit 2.469 m den höchsten Punkt Nordeuropas dar. Während der Eiszeit waren die Skanden nahezu komplett unter einer 1.500 m dicken Eisschicht begraben. In den eiszeitlichen Nachwehen entstanden auf der Westseite des Gebirges, das dort durch einen steilen Abfall ins Meer gekennzeichnet ist, zahlreiche Fjorde. Nach Osten hin fällt es hingegen in Stufen ab.

Teile der Skanden sind von Plateaugletschern bedeckt, von denen der Jostedalsbreen mit knapp 500 qkm der größte europäische Festlandgletscher ist. Zahlreiche Gletscherzungen schieben sich in diverse Täler vor. Eine der bekanntesten und von den „Kreuzfahrern" während des Landgangs regelmäßig als Ausflugsziel angesteuerte ist der Briksdalsbreen.

Die Landschaft ist geprägt von schroffen Gipfeln, Gletschern, Moränen und vielen Trogtälern.

Insgesamt sind über 250 Gipfel höher als 1.900 m und 20 davon sogar höher als 2.300 m. In den Hurrungane, einer Bergkette im südwestlichen Bereich Jotunheimens, finden sich einige der wildesten Gipfel Norwegens.

Etwa 18 Tage lang werden wir uns zwischen den höchsten Gipfeln Norwegens hindurch schlängeln, vielleicht die höchsten Berge Norwegens Glittertind (2.464 m) und Galdhöpiggen (2.469 m) besteigen und vor und bei allem die klare Nordlandluft genießen.

Es bedeutet für mich eine Premiere, eine große Wanderung nicht nur zu zweit zu machen. Trotzdem ist kein befremdlicher Gedanke dabei, mich mit Dagi, Rolf und Eva zusammenzutun, was ich auf die große Seelenverwandtschaft zurückführe.

Andererseits muss man sich nun mit neuartigen Problemen auseinandersetzen wie z.B. Dagis unheilbare Angstgefühle bei Anblick eines zu kreuzenden Schneefeldes oder die Entdeckung dicht beieinander liegender Höhenlinien auf der Karte und deren vermeintlich unheilschwangere Bedeutung. Oder aber Evas spätpubertär prophetisch angekündigten Missmut bei anhaltend ungutem Wetter. Und Rolfs Überschwang der Begeisterung, den ich allerdings teile, wenn es um die Hurrungane geht, das wildere und weniger begangene (und begehbare) Gebiet innerhalb Jotunheimens.

Doch ich denke, dass wir uns gut vertragen werden.

v.r.n.l.: Rolf, Tochter Eva, Dagi und ich

Jotunheimen

„Keine Probleme überhaupt!", meint Rolf abschließend zu der Diskussion über den schwierigen (?) Hurrungane-Weg und zitiert damit den ersten Satz aus der Kurzmitteilung des norwegischen Wandervereins DNT über die derzeitigen witterungsbedingten Zustände in unserem Wandergebiet Jotunheimen.

Keine Probleme überhaupt!

Dagi lässt sich nur scheinbar beruhigen. Zu gegebener Zeit wird sie ihre Zweifel über die Begehbarkeit einzelner Streckenabschnitte sicher wieder anmelden.

***

Ruhig durchpflügt die „Peter Wessel" das Skagerrak zwischen dem dänischen Frederikshaven und dem norwegischen Larvik. Die dänische Küste quält sich hinter uns langsam aus dem Morgendunst. Es ist keine zwei Stunden her, dass wir die Zelte in Frederikshaven abgebrochen haben. Dementsprechend lauern wir mit Heißhunger darauf, dass die Cafeteria an Bord ihre Pforten öffnet. Sie wird natürlich einem Vergleich mit Oma Stöckheims reichhaltigem Menü vom Sonnabend nicht standhalten können. Da hatten wir uns die Bäuche noch einmal so richtig voll geschlagen bis nur noch ein gequältes 'Papp' zu hören war. Dagegen erwarten uns jetzt nur Kaffee, Kniften und Klümpkes.

Während ich meinen Kaffee schlürfe, habe ich das Bild eines gemäßigten Chaos im Hausflur von Dagi und Rolf vor meinem geistigen Auge, hervorgerufen durch den langwierigen Versuch, das gesamte Marschgepäck in angemessener Weise auf alle Beteiligten zu verteilen. Schließlich hatte jeder sein Päckchen zu tragen und später wurden die vier Rucksäcke, Liegematten, Schlafsäcke, Zeltstangen, eine kaum übersehbare Zahl von Wanderschuhen, Steigeisen (...) und lieblos, aber gezielt gequetschte Grundnahrungsmittel derart in das Fassungsvermögen des Kofferraums integriert, dass der Deckel nur unter gemeinsamer Kraftanstrengung geschlossen werden konnte.

Jotunheimen

Es ist jedes Mal das gleiche Theater beim erstmaligen Packen des Rucksacks vor einer Tour. Nach den ersten beiden Tagen unterwegs stellt sich die nötige Routine dann von selbst ein. Darum mache ich mir über Gepäckfragen jetzt keine weiteren Gedanken.

Zwischen zwei Tassen Kaffee selig Schokolade lutschend, beobachte ich Dagi aus halbgeschlossenen Augen heraus, die mit der Lupe an meinem Kompass auf der ausgebreiteten Karte immer wieder die Höhenlinien im Hurrungane-Gebiet untersucht. Doch jedesmal, wenn sie ansetzt, uns die Hurrungane ausreden zu wollen, greift Rolf in die linke Brusttasche seiner Hunterjacke und hält ihr süffisant lächelnd den Brief des DNT wedelnd unter die Nase.

„Keine Probleme überhaupt, Dagmar! Wir haben es schwarz auf weiß!"

*****

Die Wolkendecke hängt greifbar tief - Abbild unserer Stimmung. Selbst die wunderschöne Wanderstation in Eidsbugarden am Ufer des Bygdin-Sees trägt nur unwesentlich dazu bei, unsere Mienen aufzuhellen. Während der letzten ca. 20 Kilometer Autofahrt hatte sich Dagis Ahnung in furchtbare Gewissheit verwandelt: die Witterungsbedingungen sind in diesem Sommer, der auch im weiteren Jahresverlauf in diesem Gebiet keiner mehr werden wird, höchst ungünstig. Entlang der Straße sind über große Strecken beiderseits noch Schneekanten und dort, wo es abseits der Straße zwar nicht mehr weiß ist, lässt der rotbraune Boden vermuten, dass er erst kürzlich noch vollends unter Schnee begraben war. Wir hatten die Station in Eidsbugarden noch nicht erreicht, da galt die geplante Hurrungane-Tour bereits als verworfen.

Stattdessen hocken wir nun etwas entmutigt im Innern der Station und betrachten die umliegenden Berge genauer. Gravafjellets langgestreckter Steilhang am nördlichen Bygdin-Ufer, abgelöst von Oksedalshö und Galdeberget, die nur noch von den Gletschern des Svartdalen überragt werden, demonstrieren gemeinsam mit dem ihnen gegenüberliegenden Hundeknappen, was auf uns zukommen wird. Von dem

Jotunheimen

Blick in Richtung Westen auf Mjölkedalsbreen (bre, breen = Gletscher) und Uranosbreen wollen wir an dieser Stelle schweigen. So viel Schnee! Dabei haben wir Juli! Es ist unfassbar!

Eine Zeit lang schauen wir alle stumm aus dem Fenster, hinter dem sich eine graue Welt auftut. Grau die Wolken, grau das Wasser des Bygdin und selbst Schnee und Fels erscheinen grau in grau. Der Gedanke an Schnee und Eis mitten im Juli ist stark gewöhnungsbedürftig. So dauert es eine Weile bis wir der unerwarteten Situation nüchterner begegnen können. Wir müssen um planen! Die ursprüngliche Vorstellung eines Rundkurses wird beibehalten, jedoch wird er nunmehr statt mit ihm gegen den Uhrzeigersinn verlaufen. Außerdem werden kilometermäßig einige Abstriche gemacht, sodass nach eingehender Beratung die Planung wie folgt aussieht:

Zunächst durchs Mjölkedalen Richtung Olavsbu, von dort nach Gjendebu am westlichen Ende des schmalen, langgestreckten Gjende-Sees, von dort nach einem kurzen Schlenker durchs Storadalen nach Memurubu (ebenfalls am Gjende-See), anschließend Besseggen, Gjendesheim, Russvatnet, Glitterheim (evtl. Tagestour auf den Glittertind), Spiterstulen, Leirvassbu, Skogadalsboen, von dort vorbei am östlichen Rand der Hurrungane und schließlich durchs Fleskedalen über Tyinholmen zurück nach Eidsbugarden.

Bei dem dicken Wirt von Eidsbugarden wollen wir Auskunft einholen über die Beschaffenheit des Mjölkedalen, d.h. darüber, ob und wenn ja, wieviel Schnee dort zu erwarten ist. Dem Umfang seines Bauches nach zu urteilen muss der Wirt schon seit Jahrzehnten nicht mehr auf Schusters Rappen unterwegs gewesen sein, und so verlassen wir uns mehr auf die Meinung seines trainiert aussehenden Sohnes. Dieser bestätigt unsere Befürchtungen hinsichtlich großer Schneemengen und auf unsere Frage, ob es überhaupt möglich sei, durchs Mjölkedalen nach Olavsbu zu gelangen, antwortet er in typisch norwegischer Manier mit einem präzisen und eindeutigen: *„If you are in good condition...!"*

Jotunheimen

Auf dem Parkplatz von Eidsbugarden

Teufel noch eins, natürlich sind wir „in good condition"! Eingedenk dieser zweifelsfreien Feststellung, die jeder für sich getroffen hat, werden nur wenig später die Rucksäcke ohne unnötige Hast marschbereit gemacht. Es nieselt leicht. Wahrlich, der Start hätte etwas freundlicher ausfallen können.

Das Auto, Symbol für alle zivilisatorischen Annehmlichkeiten, bleibt einsam und verlassen auf dem relativ großen und leeren Parkplatz von Eidsbugarden zurück. In knapp drei Wochen wird es uns wiedersehen.

Jotunheimen

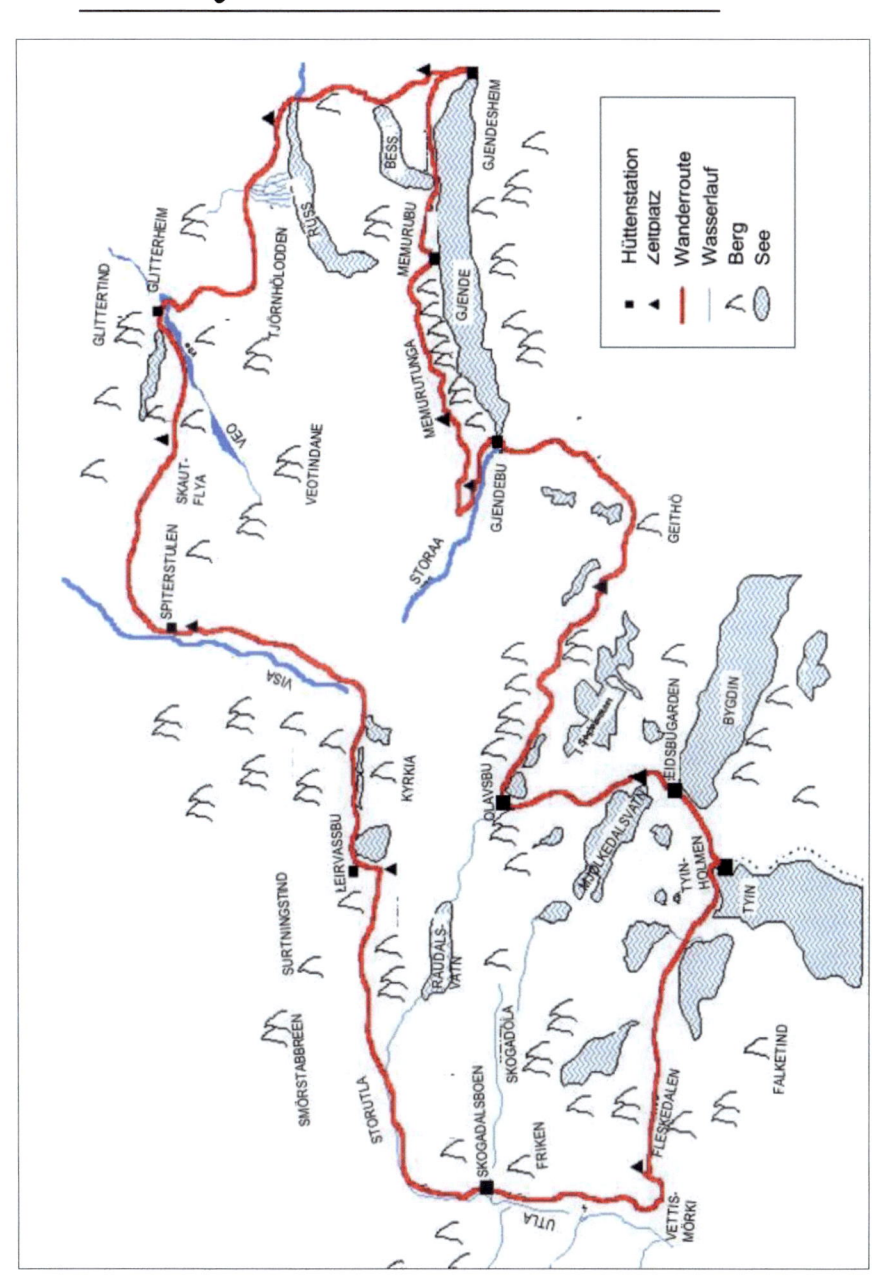

Jotunheimen

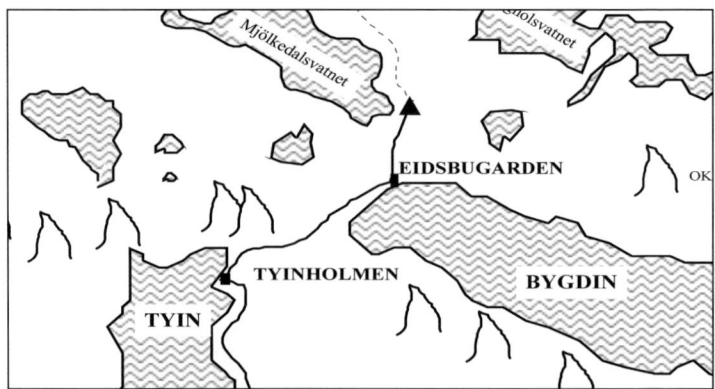

Erste Etappe: Eidsbugarden - Schneefeld

Vier Paar leuchtend rote Gamaschen bewegen sich voller Elan auf den letzten Metern eines Schotterweges dahin bis dieser plötzlich in weglosem Gelände endet. Die Wegmarkierungen führen uns stetig bergan. Der Boden ist arg feucht, an einigen Stellen bachähnlich. Der Regen lässt bald nach, kehrt nur in Form vereinzelter kurzer Nieselschauer zurück. Jetzt weiß ich definitiv, dass ich wieder „zu Hause" bin! Ich bin froh darüber, der Enge des Autos entronnen zu sein und mich nun aus eigener Kraft durch diese herrliche Landschaft bewegen zu können.

Linker Hand, etwas abseits der Route, nimmt ein jahrtausendealtes Bachbett bereitwillig kaltgraues Schmelzwasser auf und leitet es in den Bygdinsee. Weiter voraus beschreibt der Bach einen Bogen hin zu einem steilen Berghang und Rolf hat Schwierigkeiten, in den gischtenden und sprudelnden Wassermassen das kleine Rinnsal des Vorjahres wiederzuerkennen.

Die Markierungen und Rolfs und Dagis Erinnerungen führen uns am linken Ufer des Sturzbaches höher hinauf. Verzweifelt suchen wir eine Möglichkeit, das über alle Maßen angeschwollene Bächlein sicher zu überqueren. Die Suche führt uns immer höher hinauf bis wir, von

Jotunheimen

Zweifeln geplagt, ob weiter flussaufwärts doch noch ein Übergang möglich sein wird, die Rucksäcke absetzen und Rolf und ich das überspülte steinerne Bachbett intensiver in Augenschein nehmen.

Gletscherbach

Jotunheimen

Einige verworfene Alternativen später scheint sich nur eine einzige, etwa 5-7 m breite Stelle als Furt anzubieten. Während die erste Hälfte relativ problemlos zu begehen wäre, warten in der zweiten Hälfte starke Strömung und verhältnismäßig tiefes Wasser.

Situationen wie diese sind es, die den Reiz einer derartigen Wanderung zum großen Teil ausmachen. Selbst wenn man im Nachhinein auf die widrigen Umstände schimpft, so möchte man sie doch nicht wirklich missen. Schließlich würde sich eine Wanderung in einer durch zahllose Stiegen und Steige gezähmten Naturlandschaft kaum noch von einem Spaziergang um den Kemnader Stausee in Bochum unterscheiden. Was mich betrifft, so wäre ich enttäuscht von einer Wanderung, die nicht wenigstens ab und zu Forderungen an den Wanderer stellt.

Wir stehen noch immer unschlüssig vor dem Bach, und Rolf und ich planen schon eine kunstvolle Überquerung mit einem Seil als Handlauf und allem Drum und Dran. Skepsis und Missfallen spricht aus den Gesichtern der Damen. Bei dem Versuch, Eva und insbesondere der bei solchen Gelegenheiten zögernden Dagi die abenteuerliche Bachüberquerung schmackhaft zu machen, schweift mein unsteter Blick durchs Tal. Plötzlich nehme ich bewusst einen schwarzen, länglichen Schatten wahr, der nicht so recht zu den natürlichen Formationen seiner Umgebung passen will. Dieses längliche Etwas befindet sich weit unten imTal, wo der Bach seine Wildheit verliert und sich in mehrere Arme aufspaltet. Das Teleobjektiv der Kamera als Feldstecher missbrauchend, identifizieren wir den länglichen Schatten als eine Notbrücke. Da wir nicht ganz sicher sind, opfert sich Rolf zu einem Erkundungsgang, kehrt später mit positiver Nachricht zurück und so machen wir uns allesamt daran, den bisher so beschwerlich erklommenen Höhenunterschied wieder hinabzusteigen, nur um am jenseitigen Ufer das gleiche Stück erneut hinaufzukraxeln.

Die Notbrücke entpuppt sich als einsame Planke, die behelfsmäßig einen breiteren Arm des Baches überspannt. Wir nehmen diese kleine Hürde souverän.

Jotunheimen

Notsteg im Tal über den Gletscherbach

Jotunheimen

Froh, dass wir uns nicht durch hüfttiefes, kaltes Wasser hangeln müssen, nehmen wir letzten Endes diesen Umweg doch in Kauf. Recht keuchend erreichen wir den Kamm und Dagi, die schon in Eidsbugarden angesichts des vielen Schnees recht schweigsam war, rutscht beim Anblick des riesigen Schneefeldes, das sich nun vor uns auftürmt, das Herz in die Hose. Stumm und starr ruht ihr Blick auf der weißen, unausweichlichen Herausforderung. Ich kann nur ahnen, was in ihr vorgeht. Während der gesamten Wanderung wird sich offenbaren, dass Dagi von einer ausgeprägten Schneefeldphobie heimgesucht wird. Diese bricht auch hier voll durch. Rolf dagegen strahlt über sämtliche ihm zur Verfügung stehenden Backen - Triumph leuchtet in seinen Augen: „Ich hab's Euch gesagt, dass wir die Dinger brauchen werden!"

Die „Dinger", das sind 10er Steigeisen, die mit ihren zentimeterlangen Spitzen an gefährliche Waffen erinnern. Die Eisen werden nun zum ersten Mal überhaupt und nicht ganz ohne Probleme angelegt. Der Einsatz dieses technischen Hilfsmittels, der nicht unverzichtbar vonnöten ist, aber doch eine erhebliche Erleichterung verschafft, bestätigt Dagi in ihrer Annahme, dass es sich bei dem Schneefeld um einen gefährlichen Gegner handelt. In der Tat geht es über ca. 200 m sehr steil aufwärts, doch ist die Oberfläche des Schnees so weich, dass ihre Angst, bei einem Sturz Odin weiß wie tief abzurutschen, wirklich unbegründet ist.

Ich wende mich Dagi zu und versuche, meiner überredenden Stimme jenen überzeugenden Klang zu geben, mit dem Wanderprediger ihre Schäfchen in hingebungsvolle Ekstase zu versetzen pflegen. Es gelingt mir nicht, sie zu beruhigen. Erst ein professionell angelegter Brustgurt, aus dem mitgeführten Seil geknüpft, beschwichtigt ihre Angst. Nun fühlt sie sich sicherer. Rolf und Eva gehen vorneweg, Dagi und ich folgen etwas langsamer.

Es folgen noch ein zweites und ein drittes Schneefeld, und irgendwo dazwischen thront ein einzelner Findling inmitten einer Felseninsel. In seinem Windschatten legen wir eine wohlverdiente Pause ein. Den Felsen im Rücken gewinnen wir von diesem erhöhten Standpunkt aus

einen ersten Eindruck von der stillen, verschneiten Welt, die sich vor
uns auftut. Ganz anders als es die lappländischen Berge i.d.R. zu tun
pflegen, nämlich sich mit runden Kuppen allmählich aus dem Boden
zu schieben, gesellt sich hier eine schroffe Formation neben die andere, will ein Gipfel den nächsten überragen, bilden sich enge Schluchten
und Täler, die so manchem See seine langgestreckte Form aufzwingen.
Der alles bedeckende weiße Mantel weist nur vereinzelte dunkle Fle-
cke auf - die Alibispuren des Sommers -, wo er schüchtern den Versuch unternommen hat, das Attribut der Winterlichkeit zu vertreiben.

Bis hierher haben wir in den vergangenen drei Stunden erst ein Drittel des Weges bis zur Olavsbu zurückgelegt. Der Norweger veran-
schlagt für die Etappe Eidsbugarden – Olavsbu 5 – 6 Stunden Marschzeit. Das gilt für leichte Rucksäcke und die norwegische Weltanschau-
ung hinsichtlich des Schätzens von Wegezeiten, die sich von der des
gemeinen Mitteleuropäers deutlich unterscheidet.
Die Wolkendecke zieht sich während unserer Rast bedrohlich zu. Da
heißt es in dieser späten Nachmittagsstunde des ersten Wandertages
rechtzeitig daran zu denken, die Zelte aufzuschlagen.

Etwa 300 m hinter dem Pausen-Findling, in der Nähe des dick zugefrorenen Mjölkedalsvatnet (vatn, vatnet=See), finden Rolf und ich
außerhalb der Schneefelder keine Zeltmöglichkeit. Grund genug, unseren Erfahrungshorizont zu erweitern, d.h. die Zelte auf dem Schnee
aufzuschlagen.
Diesen ersten Tag, der uns einiges abverlangte, lassen wir in einer
Freßorgie ausklingen. Während das Wasser für die dicke Tütensuppe
kocht, verschlingen wir Knäckebrot mit Erdnussbutter oder Honig. Als
Gang nach der Suppe gibt es Tee mit Rum, Kakao mit Rum und als
Betthupferl werden Schokolade und Haselnuss riegel gereicht.
Gegen 22 h reißt der Himmel wieder auf und lässt den Uranosbreen
und den Mjölkedalsbreen im Sonnenlicht leuchten. Große Felder blau-
en Himmels machen sich zwischen den Wolken breit.

Jotunheimen

Erster Zeltplatz

Als ich meine Augen wenig später schließe, ist es noch taghell. Rolf atmet schon ruhig und gleichmäßig. Ich kann noch nicht einschlafen und wälze mich auf meiner Liegematte unruhig hin und her. Der Schnee unter mir knirscht bei meinen Bewegungen; ansonsten ist es vollkommen still. Erst in dieser ungetrübten Lautlosigkeit wird mir richtig bewusst, dass ich nun tatsächlich in den geliebten nördlichen Gefilden unterwegs bin. Bei der Ankunft in Eidsbugarden herrschte angesichts dieser unerwarteten Witterungsbedingungen zeitweise Unschlüssigkeit darüber, ob wir überhaupt starten konnten. Umso mehr freue ich mich jetzt darüber, dass wir diesen ersten Impulsen (zu recht) nicht nachgegeben haben. Es wird schon immer irgendwie weitergehen; schließlich sind wir keine Himalaya-Expedition.

Und außerdem: Sind wir Kerls oder sind wir Stutenkerls?!

Jotunheimen

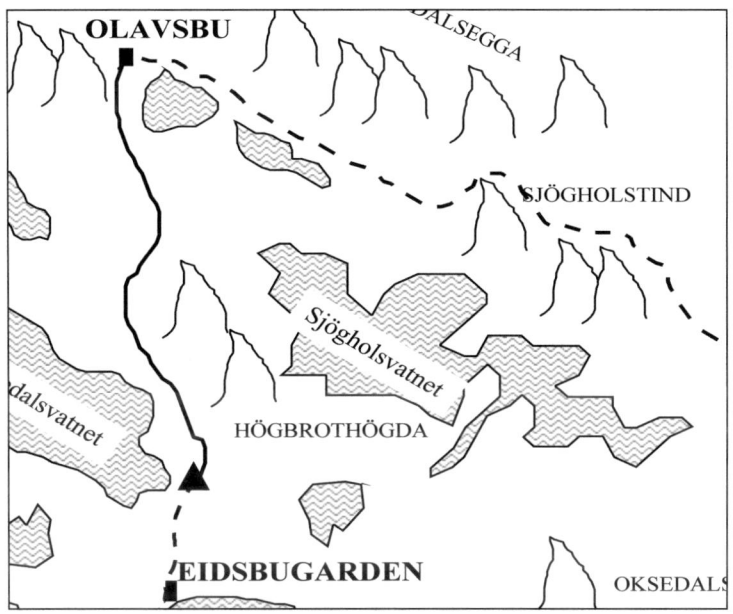

Zweite Etappe: Schneefeld - Olavsbu

Eine intensive Wärmeempfindung holt mich aus leichtem Schlaf. Mit verschlafenen Augen blicke ich in eine hellerleuchtete gelbe Wölbung. Voller Ahnung, was der helle Zelthimmel bedeutet, fummle ich aufgeregt an den Reißverschlüssen meines Schlafsacks. Sekunden später klappt der Zelteingang herunter und ich blicke voll in den grellen Sonnenball, der einsam am blauen Himmel hängt. Keine Wolke weit und breit, die den strahlend weißen Schnee verdunkeln könnte. Am Horizont heben sich imposante, nackte Felszinnen als dunkle Silhouetten malerisch vom tiefen Blau des Himmels ab. Kaum ein Lüftchen, das sich regt, das den Genuss der warmen Sonnenstrahlen mindern könnte.

Im Frauenzelt wird es lebendig. Das typische ratschende Geräusch der Schlafsackreißverschlüsse ist noch nicht verklungen, als Dagis

Jotunheimen

freudestrahlendes Gesicht erscheint. Nur Augenblicke später steht sie zufrieden lächelnd vor dem Zelt und genießt die Sonne - tadellos gestylt mit langer Unterhose und leichter Bluse. Spontan beschließen wir, heute unter freiem Himmel zu frühstücken. Doch ehe der noch träge Rolf und die regelmäßig als letzte aufstehende Eva sich aufgerafft haben, machen Dagi und ich eine Fotosafari auf den nächstgelegenen Berg, den Högbrotet. Sehr schnell haben wir eine so große Distanz zum Lager gewonnen, dass die Zelte nur noch mit Mühe als kleine gelbe Punkte auf dem Schnee zu erkennen sind. Während wir interessiert die vielfältige Flora in Augenschein nehmen, ziehen lautlos und fast unbemerkt Wolken auf. Binnen kürzester Zeit ist der Himmel von einer geschlossenen Wolkendecke verhangen, die das wundervolle Licht- und Farbenspiel, das wir beim Erwachen erleben durften, gnadenlos beendet. Es wird abrupt kälter, was Ursache dafür ist, das Frühstück später doch im Zelt einzunehmen.

Die Schneedecke ist von Geröll- und Kiesfeldern durchbrochen. Die übergroße Nässe von Regen und Schmelzwasser hat den Boden an diesen Stellen derart aufgeweicht, dass man problemlos bis zu den Knöcheln im Matsch versinkt. Dennoch sind wir alle guten Mutes, heute bis zur Olavsbu vorzudringen.

Dann gibt es wieder Schnee so weit das Auge reicht. Dann und wann ragt vereinzelt ein bizarrer Felsen aus der Schneedecke. Wir quälen uns im Gänsemarsch durch das nasse und pappige winterliche Weiß. Oftmaliges Abrutschen an steilen Passagen legt uns nahe, an der nächsten Felseninsel die Eisen anzulegen, die an den Hängen mehr Standfestigkeit verleihen sollen. Fraglich bleibt, ob der Vorteil der verbesserten Standfestigkeit nicht durch den Nachteil des zusätzlichen Gewichts an den Füßen (Eisen plus daran pappender Schnee) kompensiert wird. Das subjektive Gehgefühl ist jetzt auf jeden Fall angenehmer als vorher - und nur das zählt.

Kalter Wind lässt meine Nase tropfen und ich denke, dass meine Ohren ebenso gerötet sind wie die der anderen. Prickelnder Eisregen gesellt sich dem Wind hinzu als wir, schon leicht erschöpft, den Fuß einer etwa 30 m hohen, fast senkrecht abfallenden „Wand" erreichen. Anfänglich bereitet diese schwarze, nass glänzende, verwitterte Mauer, die sich drohend in den dunkeln Himmel hebt, trotz der eisenbewehrten Schuhe kaum Schwierigkeiten. Doch im letzten Teilstück dieses unumgänglichen Hindernisses müssen wir mit klammen Fingern Hand anlegen und es halb kletternd überwinden. Auf dem so erklommenen Rücken empfängt uns mittleres Schneegestöber, das den Eisregen abgelöst hat. Milliarden dicker Schneeflocken tanzen vor meinen Augen und ich sehe vergnügt zu wie sich an den dem Wind zugewandten Körperseiten meiner Gefährten langsam eine weiße Schicht bildet. Gleichzeitig zieht Nebel auf - und Nebel und Schneefall in Tateinheit gewährleisten, dass wir die Wegmarkierungen erfolgreich aus den Augen verlieren. Selbst minutenlanges Umherstarren fruchtet nichts und so stiefelt Rolf los, um entweder auf rote T's oder auf Fußspuren zu stoßen. Schon nach wenigen Metern ist sein leuchtend rotes Hemd im Nebel verschwunden.

Unterdessen machen Dagmar und ich es uns auf einigen herumliegenden Felsbrocken bequem und suchen das Westufer des Sees 1488, der völlig zugefroren zu unseren Füßen zwischen Högbrothögda und Sjogholstind liegt, während kurzer Phasen gemäßigten Nebels nach Steinmännchen ab. Die schnell ziehenden Nebelfahnen und der beißende Wind, der die Augen tränen lässt, erschweren diese visuelle Suche. Die Täler füllen sich in Sekundenschnelle wieder mit dem milchigen Weiß. Als wir einmal versuchen, das wilde, von schwarzen Felsen umringte Tal mit der glatten weißen Fläche des verschneiten Sees in der Mitte zu fotografieren, hat sich das vor wenigen Augenblicken noch freie Panorama in der kurzen Zeit, die man benötigt, um die Kamera aus der Tasche zu ziehen, völlig zugezogen.

Endlich können wir mit Hilfe eines Fernglases zwei Steinmännchen ausmachen. Das Problem besteht nun darin, zu ihnen hinunter zu gelangen. Da kehrt Rolf zurück. Zwei Spuren hat er gefunden, die aber noch weiter hinauf, statt hinunter führen. Er und ich lassen die Ruck-

Jotunheimen

säcke bei den Mädels zurück und folgen einer Spur ca. 150 m weit, müssen aber feststellen, dass diese am Rande und sogar unterhalb von massiven Schneewächten entlangführt. Dieses Risiko erscheint uns zu hoch. Doch dafür entdecken wir von unserem erhöhten Standpunkt aus eine natürliche Schneise in der Richtung, aus der wir kamen, die gangbar erscheint. Es ist weit und breit die einzige Möglichkeit, gefahrlos zum See zu kommen. Doch Rolf und ich wissen in stummem Einverständnis, dass wir Dagi mit Engelszungen zu dieser Schneise werden überreden müssen.

Auf dem Weg dorthin versucht Dagi, unser Vorhaben zu vereiteln, indem sie andere, ungleich längere Wege vorschlägt ohne Gewissheit darüber, ob das entscheidende letzte Stück abwärts weniger steil sein wird als das vor uns liegende.

„Mensch, wollt ihr wirklich da runter?! Da hinten sieht es doch viel flacher aus. Lasst uns dorthin gehen!"

„Dagi, da hinten ist es erstens nicht flacher als hier und zweitens um Kilometer weiter weg!". Rolfs Stimme verrät leichte Anzeichen von Ungeduld. Bei Erreichen der Schneise ist Dagi noch immer nicht überzeugt.

„Pass auf, wir gehen nicht direkt hinunter, sondern in Serpentinen, okay? Dann kann absolut nichts passieren."

Rolf und Eva sind schon unterwegs als Dagmar und ich uns anschicken, ihnen zu folgen. Dagis Schneefeld-Phobie tritt wieder zutage. Ihre unbegründete Angst, zu fallen und einem Geschoß gleich bis auf die Mitte des zugefrorenen Sees katapultiert zu werden, bereitet ihr bei den Kehren der Serpentinen immense Schwierigkeiten. An diesen Stellen nehme ich sie bei der Hand und so überwindet sie schrittweise ihre Angst. Schließlich finden wir uns alle am Ufer des Sees 1488 wieder, der so heißt, weil er sich auf einer Höhe von 1488 m befindet. Auf einer kleinen Felsformation mitten im Schnee rasten wir ausgiebig. Aus einer türkisfarbenen Pfütze am Seeufer wird auf abenteuerliche Weise eiskaltes Wasser geschöpft und mit Isostar zu einem auf-

päppelnden Getränk vermischt. In uniformer dunkelblauer Wander-
tracht liegen vier Gestalten an den Felsen gelehnt, die sich, Haselnuss-
riegel kauend und Schokolade lutschend, an der gut sichtbaren Serpen-
tinenspur ergötzen.

Wasserschöpfen aus zugefrorenem See

Momentan ist es niederschlagsfrei, doch der Himmel hängt noch
immer voller Geigen. Den Höhenunterschied, den wir eben mühsam
abgestiegen sind, müssen wir nach einer Teilumrundung des Sees
wieder hinauf, um hernach ein Bandet (Bandet = Pass) zu überwinden,
das als niedrigstes aller Hindernisse zwischen dem See 1488 und dem
Raudalen liegt und uns von der ersehnten Olavsbu trennt.

Mühsam und etwas steif raffe ich mich wieder auf. Jetzt erst merke
ich, wieviel Wasser in meinen Schuhen stehen muß. Seit geraumer Zeit
habe ich ein feuchtes Gefühl an den Füßen, aber nun gluckert es bei
jedem Schritt.

Jotunheimen

Bald stehen wir vor einem sehr steilen, ca. 50 m hohen Schneehang, an den sich das Bandet anschließt. Nur wenige Schritte hinter uns liegt der See.

„Da müssen wir hoch", sagt Rolf.

„Da gehe ich nicht hoch", sagt Dagi und hat schon drei Schritte in Richtung auf eine vermeintlich weniger steile Stelle zurückgelegt. Rolf, schon ein Drittel des Hanges erklommen, dreht sich halb um und ruft Dagi barsch zur Ordnung.

„Wo willst Du denn da hin? Komm' jetzt hier 'rauf!"

Der energische Ton lässt Dagi innehalten. Eva und ich versuchen, sie davon zu überzeugen, dass dieser Hang tatsächlich die beste Möglichkeit darstellt. Zwar wenig begeistert, aber tapfer stapft sie schließlich in unserer Spur aufwärts.

An diesen Schneehang schließen sich noch zwei weitere, aber flachere Steigungen an, bis das Bandet überwunden ist. Links voraus erhebt sich die schwarzgraue Masse des Olavsbunuten, halb in Nebel und Wolken gehüllt. Eine glatte Schneefläche führt an seiner Flanke vorbei abwärts.

In meinen Schuhen wird es immer nasser. Damit die Hütte ins Blickfeld gerät, muß der Olavsbunuten zum Teil umrundet werden. Zu der körperlichen Erschöpfung gesellt sich die düstere Stimmung der nebelverhangenen schwarz-weißen Landschaft. Kein Sonnenstrahl, kein Farbtupfer erhellt das Bild. Stumm, in Erwartung einer warmen Hütte, nehmen wir die letzte Etappe in Angriff.

Der Schnee ist tief und schwer. Es kostet eine Menge Kraft, vorwärts zu kommen. Einige Minuten später rückt die Hüttenstation ins Blickfeld, kaum erkennbar in dem steingrauen Umfeld. Ich bekomme langsam kalte Füße. Jetzt, das Ziel vor Augen, setze ich mich von den anderen ab und laufe vor. Ich will so schnell wie möglich raus aus den Schuhen. Beschwingten Schrittes, halb joggend, flitze ich den sanften Hang hinab, nicht ohne ab und zu bis zur Hüfte im Schnee zu versinken.

Jotunheimen

An der Hütte angekommen, werfe ich den Ballast ab, befreie meine kalten Füße aus ihren Wasserkerkern und haste erleichtert in die gute Stube. Vier junge Deutsche haben die Hütte mollig warm geheizt. Ich grüße flüchtig und widme mich zunächst der Aufgabe, heißen Kakao für meine Freunde und mich vorzubereiten.

Wenig später trudeln sie ein, laben sich an diesem Göttertrank. Ganz geruhsam wird im Laufe des Abends ein opulentes Mahl bereitet und ansonsten sind wir froh, einfach nur faul die Beine hochlegen zu können. So lausche ich eine Zeitlang dem Knistern der brennenden Holzscheite bis mein ermatteter Körper seinen Tribut fordert.

Markante Felsen am Wegesrand

Jotunheimen

Die Hütte ist sehr komfortabel. Da außer uns nur noch die vier Deutschen hier Gäste sind, können wir uns in einem der vier Schlafräume auf sechs Kojen hemmungslos ausbreiten. Diffuses Licht, das am Morgen durch die Fenster dringt, reißt uns nicht gerade aus den Daunen. Die gestrige 8-Stunden-Schneewanderung so kurz nach Beginn der Tour hat sich stark bemerkbar gemacht. Darum sind wir gar nicht böse über das relativ miese Wetter, das abwechselnd Regen- und Schneeschauer präsentiert. Gemächlich schleicht der Morgen dahin. Bevor meine Gefährten aufstehen, lege ich im Wohnraum der Hütte neues Holz aufs Feuer, damit es beim Frühstück schön warm sein wird.

Als wir endlich frühstücken, sind die Deutschen schon aufgebrochen. Wir bevölkern die Hütte nun ganz allein. Mittlerweile ist der heutige Tag ohne großartige Diskussion einstimmig zum Ruhetag ausgeguckt worden. Wir verbringen den Tag mit kleinen Geschäftigkeiten wie Essen und Waschen etc. Rolf und ich räumen irgendwann den Vorraum der Hütte auf. Dabei reizt uns ein riesiger Holzhammer, zusätzliches Feuerholz zu fabrizieren. Im Holzschuppen der Hütte schlagen wir denn auch kräftig zu. Im Eifer des Gefechts rutscht ein Eisensplint aus dem Axtstiel. Bei der Suche nach ihm springe ich von einer niedrigen Natursteinmauer, übersehe dabei einen spitz hervorstehenden Stein und schlage mir arg das linke Knie an. Für einen Moment wird mir schwarz vor Augen. Augenblicke später packe ich herumliegenden Schnee aufs Knie und humpele in die Hütte. Den Rest des Tages verbringe ich damit, Kakao zu trinken und mein Knie mit einer Sportsalbe einzuschmieren. Es schmerzt sehr, wenn ich das Bein bewege.

Gegen Abend reißt der Himmel auf. Leicht humpelnd erkunde ich mit der Kamera unterm Arm die nähere Umgebung der Hütte. Die Abendsonne taucht alles in ein warmes Licht. Die verschneiten Flussufer leuchten, ohne zu blenden. Dort am Seeufer, wo die Eisdecke an ihrem Rand schon etwas abgeschmolzen ist, tanzen lustige Lichtrefle-

Jotunheimen

xe auf den unter der leicht bewegten Wasserfläche ruhenden Steinen. Der Eispanzer des Sees ist noch immer fast einen Meter dick. Es ist nahezu windstill. Eine kleine weiße Wolke scheint am Gipfel des Olavsbunuten zu kleben. Die Rauchfahne aus dem Kamin unserer Hütte hebt sich gerade empor. Ein Gefühl grenzenloser Zufriedenheit durchflutet mich. Die Freude, wieder leibhaftig in dieser wunderbaren Welt zu sein, deren Zauber mich vom ersten Augenblick meiner ersten „Nordlandreise" gefangen nahm, lässt mich innerlich jubeln. Wahrlich, endlich wieder 'zu Hause'.

Der Hammer von Olavsbu

Wenn nur dieses Knie nicht wäre. Während der letzten Stunden ist es etwas angeschwollen. Ich hoffe, dass die einsetzende Steifigkeit des Gelenks, die ich mit einer regelmäßigen satten Behandlung mit dieser Sportsalbe bekämpft habe, morgen verschwunden sein wird. Es wäre verdammt schade, wenn die Wanderung schon morgen für mich zu Ende sein sollte.

Jotunheimen

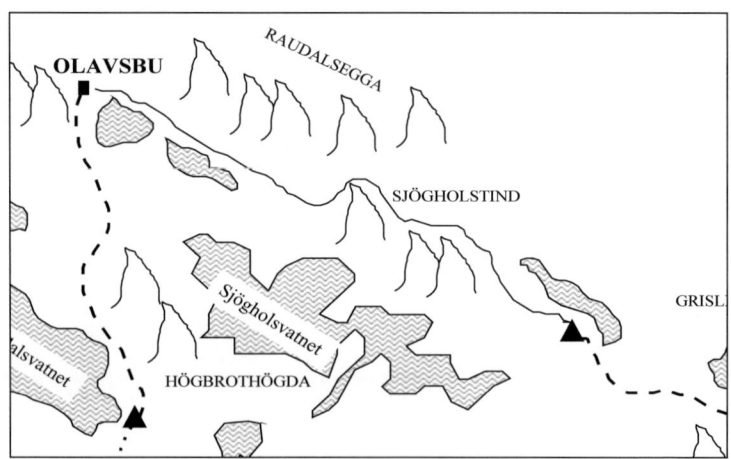

Dritte Etappe: Olavsbu - Raudalsegga

Die intensive Salbenbehandlung meines geprellten Knies hat offensichtlich gewirkt. Der Schmerz hat stark nachgelassen und auch die Beweglichkeit hat sich gebessert. Ich glaube, dass ich weitergehen kann. In dieser Sache wird mir zum Vorteil gereichen, dass wir die 1440er Höhenlinie heute praktisch nicht verlassen werden. Also keine zusätzliche Belastung für mein malträtiertes Knie durch irgendwelche Steigungen.

Im prallen Sonnenlicht marschieren wir in Richtung Gjendebu, einer großen Station am Gjendesee. Zeitvorgabe des DNT: 5 -6 Stunden Marschzeit für die Etappe Olavsbu – Gjendebu.

Das vom Schnee reflektierte, gleißende Sonnenlicht zwingt uns, Sonnenbrillen aufzusetzen, um nicht schneeblind zu werden. Die vor uns liegende Talsohle zwischen Raudalsegga und Sjögholstind ist fast gänzlich mit nassem, schwerem Schnee bedeckt. Überall bilden sich unter der sengenden Kraft der Sonne Schmelzwasserpfützen und -rinnsale. Nur vereinzelt hebt sich am Wegesrand schüchtern ein niedriges Erdbuckelchen aus dem Schnee. Die Tagesetappe ist noch keine

Jotunheimen

halbe Stunde alt, die Hütten sind noch nicht einmal außer Sichtweite, da machen wir auf einem solchen Erdbuckelchen eine ausgedehnte Sonnenpause. Rolf und Dagi flegeln sich hemmungslos in die spärliche Botanik, Eva und ich drapieren unsere Körper kunstvoll auf greifbar nahen Findlingen. Die Steine sind angenehm warm. Ich liege rücklings auf dem Felsen, verschränke die Arme hinter dem Kopf und schließe die Augen. Beinahe augenblicklich fangen die so sensibilisierten Gehörgänge Geräusche auf, die unter dem stärkeren Einfluss visueller Wahrnehmung in der Regel überhört werden. Zu meiner Linken plätschert Schmelzwasser unter der Schneedecke, von rechts ist hin und wieder das leichte Donnern kleinerer Schneelawinen zu vernehmen, die sich unter der Einwirkung der Sonnenstrahlen von markant schroffen Stellen des Sjögholstind lösen. Die Sonne brennt mit ungeheurer Intensität in dieser klaren Luft. In meiner dunkelblauen Wanderhose spüre ich die Sonnenstrahlen, als würden sie durch ein Brennglas gebündelt auf die nackten Beine projiziert. Bald ist es kaum noch zu ertragen. Lieber bewege ich mich etwas und mache ein paar Porträtaufnahmen für den späteren Urlaubsfilm.

Sommerlandschaft

Jotunheimen

Nach Wiederaufnahme der Wanderung kommen uns in langgezogener Formation 20-25 Leute von Gjendebu entgegen. Vermutetes Ziel: Olavsbu. Da hatten wir aber Glück, dass diese Horde nicht schon gestern in Olavsbu eingefallen ist.

Lange Zeit wandern wir unter der gestreckten Flanke des Raudalsegga bis ein geeigneter Hügel bereitwillig unsere Zelte aufnimmt. Einen halben Steinwurf vom Lagerplatz entfernt winden sich gemächlich schmale Wasserläufe durchs Gelände. Kaum, dass die Zelte stehen, tapern Rolf und ich zum Füße waschen hinunter. Die dünne Eisschicht ein paar Meter abseits der Stelle, die wir auserkoren haben, hätte uns zu denken geben sollen. Ich habe ja schon in Gletscherbächen gebadet, aber das hier...
Jede bildhafte Beschreibung der Eiseskälte des Wassers muß hier versagen! Nachher, als die Füße wieder in den Socken stecken, macht sich in den untersten Extremitäten ein wohlig-warmes Gefühl breit.

Ich liege neben Rolf im Zelt und schaue verträumt durch den weit geöffneten Zelteingang. Zum Greifen nah, so scheint es, erhebt sich im Osten wolkenbefreit die Kette der 2000er Visbreen, Memurubre, Veobreen, Blabreen. Die Gipfel leuchten wie angestrahlt und dabei kommt mir der Gedanke, dass das Erlebnis einer Winterlandschaft im Sommer für mich hier Premiere feiert. Und ich find's herrlich!
Vor lauter Bewunderung für die winterliche Landschaft verpasse ich bald das Abendessen. Nach der heutigen Leistung von knapp 7 km haben wir leider keine Rechtfertigung für eine gelungene, dekadente Tütensuppenorgie vorzuweisen. Dementsprechend fällt das Mahl mager bis bescheiden aus.
Das Ritual der Nahrungsaufnahme findet traditionsgemäß im Frauenzelt statt. Es dauert jedesmal eine kleine Weile bis sämtliche Körperteile aller anwesenden Personen einigermaßen geordnet um den mittig installierten Kocher verteilt worden sind. Während Kaffeewasser und Suppe garen, steigt die Lufttemperatur im Innern des Zeltes bis in den angenehmen Bereich. Das Innenzelt füllt sich allmählich mit der

Jotunheimen

für Rucksackwanderungen typischen Luftmischung aus Koch-, Körper- und Kleiderdünsten. Regenfeuchte Jacken und Hosen, von des Tages Mühen verschwitzte Hemden und Socken - der Trocknungsprozess liefert als Ergebnis ein dichtes, aber prima Klima. Die tägliche Proviantration ist natürlich knapp bemessen. Zwei Tütensuppen für vier Personen ergeben Portionen, die selbst einen Goldhamster nicht an Herzverfettung dahinsiechen lassen würden. Selbst einige Schnitten Knäckebrot, belegt mit Schinken, Käse, Honig oder Erdnussbutter vermögen letztendlich nicht, ein anhaltendes Sättigungsgefühl herbeizuführen.

Bei der anschließenden Plauderei über die letzte und die nächste Etappe wärmen dampfende Plastikbecher die Hände. Sobald die Karte ausgebreitet wird, verlangt Dagi zielstrebig die Lupe. Manchmal glaube ich, dass sie krampfhaft nach kartographisch steilen Stellen sucht, auf die sie dann unverzüglich unsere Aufmerksamkeit lenkt.

Bei diesen Gelegenheiten bringt Rolf regelmäßig cool lächelnd unseren Trumpf ins Spiel: „Keine Probleme überhaupt, Dagi! Wir haben's schriftlich!"

Jotunheimen

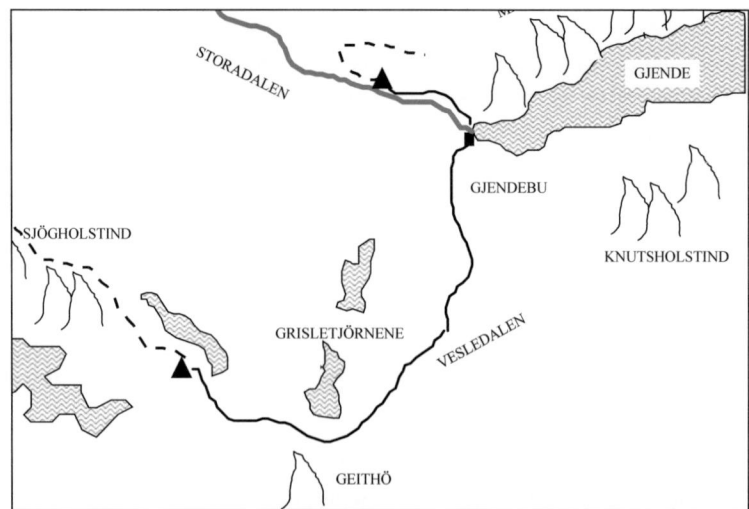

STORADALEN

GJENDE

GJENDEBU

SJÖGHOLSTIND

KNUTSHOLSTIND

GRISLETJÖRNENE

VESLEDALEN

GEITHÖ

Vierte Etappe: Raudalsegga – oberhalb Gjendebu

Die Sonne brennt unbarmherzig von rechts. Rechter nackter Arm und rechte Gesichtshälfte röten sich bedenklich. Schneekristalle glitzern und gleißen im Sonnenlicht. Die normale Sonnenbrille - an den Seiten offen - ist auf Dauer ein unzureichender Schutz für die Augen. Besonders Dagi und Eva haben nach solchen strahlenden Tagen meist leicht entzündete Augen.

Das schöne Wetter hält sich schon von Morgen an. Die Gelegenheit beim Schopfe packend, haben wir ausgiebig unter freiem Himmel gefrühstückt. Mit ansatzweise beruhigtem Magen schnappt sich jeder seine Liegematte, knallt sich irgendwo in die wellige Landschaft und lässt sich die Sonne auf den Pelz brennen. Und das bei Temperaturen wie auf Mallorca. Schöne Stunden muß man genießen, wenn sie da sind.

***

Jotunheimen

Der Weg führt jetzt hauptsächlich bergab. Gjendebu liegt fast 400 Höhenmeter tiefer als unser letzter Lagerplatz. Der Berg Geithö (1.467 m), der sich inmitten der schneebedeckten Riesen eher wie ein Hügel ausnimmt, dient uns als Zwischenziel.

Je tiefer wir gelangen, desto weniger gehen wir über Schnee. Dann versiegt die weiße Pracht gänzlich. Wir folgen dem Vesledalen an der Seite des Flusses Vesleaa bis zur großen Hüttenstation Gjendebu. Die letzten 1-2 km bis dorthin führen durch dichten Birkenwald.

Wir befinden uns hier an einem Knotenpunkt verschiedener Wanderwege in Jotunheimen. Von hier aus bietet sich die Möglichkeit, nach Süden, Osten oder Westen weiterzuwandern. Entsprechend seiner Lage sind in diesem Hüttenkomplex relativ viele Menschen anzutreffen.

Dagi und Rolf erinnern sich an herrlichen, viel zu süßen Schokoladenkuchen, den es im letzten Jahr hier gab. Sie haben Glück und schon bald stehen auch heuer wieder Kaffee und Kuchen auf dem Tisch.

Es ist eine schöne Rast. Meine Blicke schweifen über den auf 16 km gestreckten Gjendesee, an dessen südwestlichem Ende wir sitzen. Die flankierenden Berge, steil und sehr oft scheinbar unmittelbar aus dem Wasser steigend, verleihen dem See sein fjordhaftes Aussehen.

Die nächsten 2-3 Tage sollen uns quasi am Nordufer dieses Sees entlang führen, wobei unter anderem die Panoramatour Jotunheimens über den Berg Besseggen ansteht, die schließlich am nordöstlichen Ende des Sees enden wird.

Doch noch hocken wir gemütlich in der Cafeteria der Station Gjendebu. Wir haben keine Eile, unseren Weg ein Stück hinauf in das Storadalen fortzusetzen. Längstens eine weitere Stunde sollen die Wassermassen des Storaa zu unserer Linken zu Tale rauschen bis ein geeignetes Fleckchen zum Übernachten einlädt.

Unmittelbar hinter Gjendebu führt der Weg leicht bergan. Seit wie vielen Jahrtausenden schon hängen die Wasserfäden eines namenlosen

Jotunheimen

Flusses wie ein Schleier an der senkrechten Wand des Memurutunga und verschwinden im undurchdringlichen Dickicht des Birkenwaldes. Der steinige Pfad überwindet spielerisch einige Erdbuckel. Sobald einer dieser Buckel die Wipfel der niedrigen Bäume übersteigt, zieht das sonnendurchflutete Storadalen mit magischen Kräften den Blick des Wanderers auf sich. Majestätisch erhebt sich der spitze Gipfel des Store Knutsholstind über das Tal, eine einzelne Wolke auf ihrem langsamen Weg über das Himmelsblau aufhaltend.

An einer Biegung des Flusses fordert eine dicht mit Gras bewachsene Fläche nachdrücklich zum Lagern auf. Unsere Freude über den weichen Boden wird nur durch die unvermeidliche Anwesenheit von Mücken getrübt.

Mit gierigen Blicken verfolge ich Dagis Bewegungen, indem sie die Suppe verteilt. Das routinemäßige Eintauchen der roten Suppenkelle, die tagsüber wie eine Leuchtboje an ihrem Rucksack prangt, die Grazie, mit der sie diesen vielgeübten Handgriff ausführt, lässt beinah vergessen, dass es sich nur um eine Tütensuppe handelt.

Etwas Warmes braucht der Mensch; wenn auch der Kaloriengehalt nicht wesentlich über Null hinausgeht, so ist der tägliche Becher Suppe ein willkommener Teil des Abendmahls.

Kaum gesättigt um den Kocher als kommunikativen Mittelpunkt versammelt, klönen wir über dies und das. Dabei besteht das „das" sehr oft darin, Dagis Höhenlinien- und Schneefeldbedenken für den kommenden Tag auszuräumen. Während Rolf mit „keine-Probleme-überhaupt" wedelt, Eva in ihr Schnuffelkissen schnuffelt, halte ich mit beiden Händen meinen Becher heißen Kakao fest und beobachte leicht amüsiert wie Dagi mit der Lupe an meinem Kompass jedes Detail des nächsten Streckenabschnitts genauestens untersucht.

Diesen Vorgang, der sich in stereotyper Art und Weise wiederholt, hat man sich in etwa folgendermaßen vorzustellen:

Jotunheimen

(*Dagi, Eva, Rolf und ich sitzen bzw. liegen in dieser Reihenfolge im Uhrzeigersinn um den Kocher herum. Die Suppe ist gerade restlos vertilgt worden; die eine oder andere Scheibe Knäckebrot ist noch in Umlauf. Dagi hat die Karte über den verschränkten Beinen ausgebreitet und studiert sie fast andächtig.*)

Dagi: (*Ganz plötzlich, ohne Vorankündigung*) Oh, das sieht aber steil aus hier! Wenn da man nur kein Schnee liegt.

Ich: (*Schiebe mir pausenlos ein Knäckebrot nach dem anderen in die Futterluke*) Ach, so steil wird das schon nicht sein.

Dagi: (*Dreht die Karte zu mir herum*) Ja, aber guck doch mal. Ich finde, das ist ganz schön steil an dieser Stelle.

Ich: (*Mit dem Versuch, meiner Stimme einen überzeugenden Klang zu geben*) Das sieht nur so aus. Schließlich ist das ein Maßstab von 1:100.000. Klar, dass die Höhenlinien da etwas näher zusammenrücken.

Rolf: (*Warnend*) Dagi!!

Dagi: (*Etwas ärgerlich*) Nein, wirklich. Ich finde, es sieht hier sehr steil aus.
(*zu mir gewandt*) Gibst du mir noch mal die Lupe?

Eva: (*Hat bis jetzt ihr Gesicht ins Schnuffelkissen vergraben und Goldings „Lord of the Flies" gelesen*) Mamma!! Mach' doch nicht alle verrückt. Warte doch erst mal ab.
(*Wendet sich abrupt wieder ihrem Buch zu*)

Rolf: (*Etwas ernster als vorhin, denn er sagt jetzt 'Dagmar' statt 'Dagi'*) Dagmar! Wir haben es schwarz auf weiß.

Jotunheimen

(*Nestelt an einer seiner zahlreichen Jackentaschen herum und zieht einen etwas mitgenommenen, aber wohlbehüteten Zettel hervor*) Keine Probleme überhaupt! Hier steht es!

Dagi: (*Gibt schließlich gegen diese erdrückende Übermacht auf*) Eure Ruhe möchte ich haben.

Dagis Ängste sind in den meisten Fällen unbegründet. Dennoch gereichen sie uns in der Weise zum Vorteil, als sie erstaunlich viele kartographische Einzelheiten jederzeit aus dem Gedächtnis abrufbereit hat.

Multebeere oder hierzulande: multebær

Jotunheimen

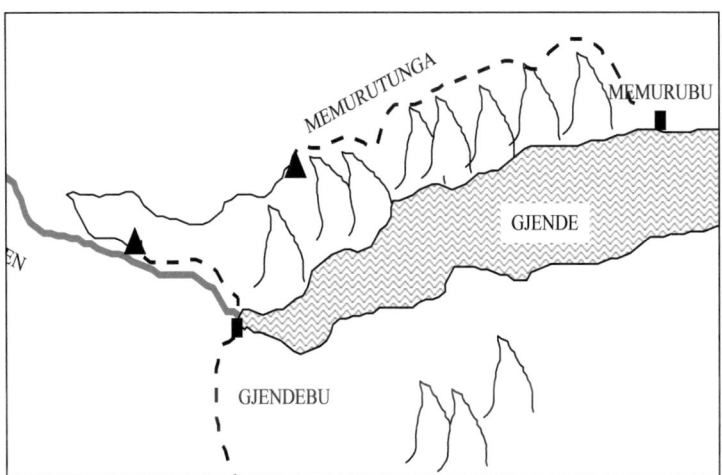

Fünfte Etappe: Oberhalb Gjendebu - Memurutindane

Es muß während der Nacht reichlich geregnet haben. Das Rauschen des Vesleaa scheint stärker geworden zu sein. Der graue Morgen wartet mit noch mehr Regen auf. Beim Frühstück ist es ungemütlich kühl und feucht. Ganz anders als der gestrige von Sonnenschein gekrönte Frühstücksschmaus.

Grauer Himmel hängt über dem Tal. Der Store Knutsholstind ist nur noch schemenhaft zu erkennen.

„Wenn der Regen weiter anhält, müssen wir überlegen, heute nicht besser hierzubleiben."

„Lass uns noch abwarten. Es wird schon noch aufhören."

„Oder auch nicht. Es wird überhaupt nicht richtig hell."

Also warten wir - bis es tatsächlich aufhört zu regnen. Schnell werden die Rucksäcke im Zeltinnern so weit gefüllt, dass nur noch die nassen Zelte verstaut werden müssen. Diese sind gerade in den Packsäcken verschwunden, als sich das Ende des Regens als bloße Schauerpause entpuppt. Doch jetzt, da alles zusammengepackt ist, gehen wir in der Hoffnung los, aus dem Regengebiet herauszulaufen. Mehrere

Jotunheimen

Zuflüsse des Storaa, die vom Steilhang des Högtunga kommen, werden i.d.R. problemlos überquert. So legen wir etwa 2 km zurück bis die Markierungen den Weg eine sehr spitzwinklige Kehre beschreiben lassen. Es geht jetzt wieder in Richtung Gjendesee. Auf diese Weise wird die langgezogene Steilwand des Memurutunga, die sich von Gjendebu bis Memurubu direkt am See hinzieht, umgangen.

Der schmale Trampelpfad, den Generationen von Wanderern in den grasbewachsenen Hang getreten haben, führt ziemlich direkt ca. 150-200 Höhenmeter hinauf. Während des Aufstiegs nieselt es ab und zu. Zudem weht ein kühler Wind, der mich während der kurzen Pausen auf dem Weg hinauf frösteln lässt. Das Storadalen verbirgt sich vor unseren Blicken hinter einem Dunstschleier. Wie mag das Tal bei Sonnenschein von hier oben aussehen? Wie weit würden die fallenden Wasser des Storaa leuchten? Wie würde sich die Farbenpracht der blühenden Flora darbieten? Ich versuche, mir dazu von der Sonne angestrahlte, diese Szenerie einrahmende Berge vorzustellen. Schön ist das!

Ein Blick scharf nach Westen müsste auf die Ostseite des Raudalsegga treffen. Unterhalb seiner Westflanke sind wir vorgestern von der Olavsbu weggegangen. Doch leider bleibt der Dunst undurchdringlich.

Dann haben wir den Steilhang geschafft. Kaum oben angelangt, regnet es mit dicken Tropfen.

„Schnell, holt die Plane raus. Wir hocken uns darunter!"

Eine der beiden Plastikplanen, die als zusätzlicher Schutz für die Zeltböden dienen, wird als Regenlaube zweckentfremdet. So hocken wir nun da. Leicht feucht von Schweiß und Regen und von kühlem Wind umschmeichelt, bis die Grenze zwischen unbehaglichem Dasitzen und schlichtem Frieren verwischt.

Machtlos muß ich mitansehen wie das am Rucksack ablaufende Regenwasser geschickt die ohnehin undichte Schutzhülle umgeht und langsam, aber sicher die völlig ungeschützte Innenseite durchfeuchtet.

Jotunheimen

Als der Rucksack wenige Minuten später auch noch droht, umzukippen, mache ich gar keine Anstalten, dies zu verhindern.

Ich weiß nicht wie lange wir dort auf der Erdstufe gesessen haben, schweigend damit beschäftigt, die Plane über den Köpfen einigermaßen gespannt zu halten. Doch einmal lässt der Regen nach und sofort geht es zügig weiter.

Leider wird die Hoffnung auf Wetterbesserung erbarmungslos zunichte gemacht. Je höher wir durch den Fels aufsteigen, desto nebliger wird es. 100 m Sichtweite sind eine optimistische Schätzung. Da macht Dagi mitten im heringsfeindlichen Felsengelände den Vorschlag, hier irgendwo zu übernachten, anstatt eisenhart bis Memurubu weiterzugehen und damit auf eine der beeindruckendsten Aussichten zu verzichten. Dieses Argument ist nicht zu entkräften. Nur, wo sollen wir in diesem Gelände ein passendes Fleckchen für die Zelte finden?

Zu unserem Glück ist eine kleine, teilweise mit Moos bewachsene Mulde bereit, die beiden Zelte aufzunehmen. Die Grundfläche beider Zelte hätte für diesen Platz auch nicht ein Jota größer sein dürfen. Kaum stehen die Rucksäcke auf dem nassen Boden als es plötzlich wieder mit dicken, schweren Tropfen regnet. Der Schauer dauert gerade so lange wie wir für den Zeltaufbau brauchen. Dicht aneinandergedrängt schmiegen sich die gelben Kuppeln an umgebende Felsen, nur wenige Schritte vom Rande eines Abgrundes entfernt. Doch das stört uns momentan weniger; der Sinn steht mehr nach heißem Tee.

Der Trangia-Sturmkocher im Damenzelt verbreitet angenehme Wärme. Daneben soll die Körpertemperatur mithelfen, die feuchten Klamotten zu trocknen. So hocken wir da und dampfen mit den Teebechern um die Wette.

Ich erinnere mich an die Regenzeiten im nördlichen Lappland, als ich mit Oliver einmal fast 20 und einmal knapp 30 Stunden Zwangsaufenthalt im Zelt hatte. Damals befanden wir uns auf dem „Grenzpfad von Troms", ausgehend vom schwedischen Abisko über das norwegische Innset am Altevatn bis hoch zum Dreiländereck beim finnischen Kilpisjärvi, wo die Grenzen der Länder Norwegens, Schwedens und

Jotunheimen

Finnlands am sogenannten „Treriksröset" (Drei-Reichs-Grenzstein) zusammenkommen.

Ich hoffe nur, dass es sich hier nicht ähnlich entwickeln wird. Eva hält sich mit destruktiven Kommentaren eisern zurück und das, obwohl sie schon vor der Reise verkündet hatte, dass sie bei anhaltend schlechtem Wetter nicht weiterwandern würde. Naja, bis jetzt fehlt ja noch völlig die anhaltende Komponente, bevor ihre Drohung überhaupt in Erwägung gezogen werden kann. Wir wollen erst einmal abwarten, was der neue Tag bringen wird.

Schneebedeckte Berge überall

Jotunheimen

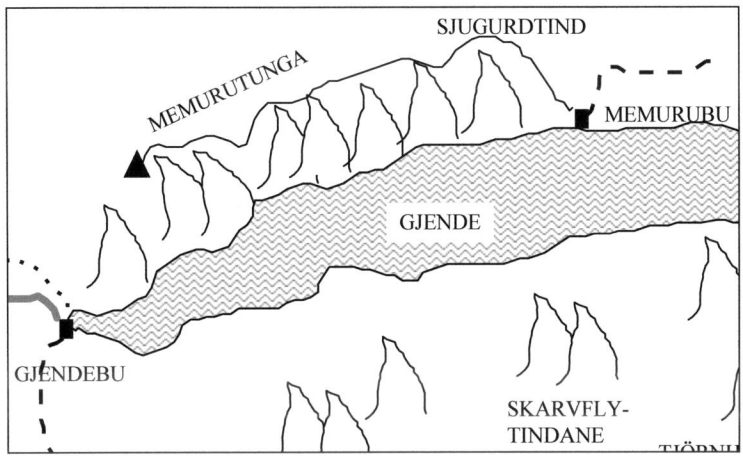

Sechste Etappe: Memurutindane - Memurubu

Es regnete die ganze Nacht. Zu dem Geräusch der aufprallenden Regentropfen trat das Plätschern der kleinen Quelle gleich neben unserem Zelt. Zu allem Überfluss hat sich im Männerzelt auf geheimnisvolle Weise etwas Wasser angesammelt und meinen Schlafsack ein wenig angefeuchtet. Beruhigend ist nur, dass man in Jotunheimen in einem strammen Tagesmarsch fast immer eine feste Unterkunft erreichen kann, falls es einmal wirklich erforderlich sein sollte.

Beim Frühstück sinnieren wir über die Fähigkeit, Schlechtwetterperioden geduldig ertragen und abwarten zu können. Parallel dazu immer wieder aus dem Zelt geworfene Blicke verlieren sich im milchig weißen Nichts des Nebels.

Schließlich hört es doch irgendwann auf, zu regnen. Langsam, aber sicher lichtet sich der Nebel, löst sich zum großen -Teil auf bis nur noch vereinzelte Schwaden übrigbleiben. Es ist zwar noch immer frisch, aber immerhin erst mal trocken. Nach und nach versucht die Sonne in mehreren Anläufen, die unruhige Wolkendecke zu durchdringen, was ihr aber niemals völlig gelingt.

Jotunheimen

Unsere Stimmung hat sich erheblich gebessert. Wir setzen den Weg über die Memurutunga auf der Nordseite des Gjendesees fort. Das gegenüberliegende Ufer des fjordähnlichen Sees scheint nur 1-2 Steinwürfe entfernt zu sein. Direkt uns gegenüber ragen 2000er Gipfel in den bewölkten Himmel: Store Knutsholstind, Leirungstind, Skarvflytindande, Tjörnholstind, die in ihren Felsenkesseln kleinere Gletscher einschließen. Schmelzwasserfälle stürzen mit mehr oder minder breiten Fahnen in den grünen Gjendesee.

Heute können wir all diese natürlichen Schauspiele bewundern, die uns bei dem gestrigen Mistwetter entgangen wären. Es war gut, dass Dagi durchgesetzt hat, mitten in der Knüste zu pausieren.

Ganz allmählich verjüngt sich der Raum der Hoch"fläche", auf der wir uns über zahlreiche Buckel quälen, pfeilspitzenartig zu einem nur wenige Meter breiten, 2 - 2,5 km langen Grat. Beide Seiten böten sich an, den freien Fall über ca. 400 m zu proben. Rechter Hand würde man im Gjendesee, linker Hand im Memurudalen aufschlagen. Die Gratwanderung führt über den auf 1.300 m liegenden Höhepunkt, den Sjugurdstind. Von hier aus hat man alles im Blick, und die ganze Welt - so scheint es - unter sich.

Im Vordergrund: der Sjugurdstind

Jotunheimen

Das Memurudalen öffnet sich den nach Natur lechzenden Blicken ebenso wie die zweite Hälfte des Gjendesees, die bisher durch den Memuruhammaren teilweise verdeckt blieb.

Tief unter uns liegt in einer kleinen Bucht die Hüttenstation Memurubu, von der uns ein alptraumhafter Abstieg trennt. Der Pfad, noch immer gratartig, legt die 400 Höhenmeter zunächst über eine Felsennase und dann ohne schuldhaftes Verzögern möglichst direkt zurück. Dieses Teilstück schlicht „steil" zu nennen, würde der Realität nicht gerecht werden. Dagi, auf diesem Abschnitt um Eva mehr als um sich selbst bangend, tastet sich mit schlafwandlerischer Sicherheit regelmäßig über Passagen, die zwar in der Mitte des Pfades angesiedelt, aber viel schwieriger und umständlicher zu überwinden sind als diejenigen, die mitunter hart an den Rand des Abgrunds führen. Eva dagegen schlappt völlig respektlos über den steinigen Weg, kann die Ängste ihrer Mutter nicht nachvollziehen.

Auf den letzten 100 Höhenmetern erreicht uns abschließend noch ein feuchter Wolkengruß, bevor wir in der Station dankbar die Möglichkeit wahrnehmen, ein Zimmer zu mieten und den halben Trockenraum des Wohnhauses mit unserer Ausrüstung zu behängen.

Die Hüttenstation Memurubu wurde bereits 1872 als vierte Hütte des norwegischen Wandervereins DNT errichtet. In einem modernen Anbau stehen in mehreren Schlafsälen 150 Betten für die zahlreichen Wanderer bereit, die eine der bekanntesten Touren von Gjendesheim über den Bessegengrat hierher machen und eventuell hier übernachten und den Service genießen wollen.

Ein erquickendes Eintopf-Mahl verschönt den Abend, den wir im Aufenthaltsraum des Haupthauses der Station zubringen. Ein der deutschen Sprache mächtiger Norweger gesellt sich zu uns, erzählt von einem Holländer, der tags zuvor auf dem Weg zum Bessegggen (unserer nächste Etappe) abgestürzt sei und übersetzt uns den Radio Wetterbericht. Letzteres war eigentlich unnötig, denn an den Mienen der übrigen Gäste können wir ablesen, was uns laut Meteosat bevorsteht. Und das ausgerechnet morgen bei der Panoramatour über den Bessegggen.

Jotunheimen

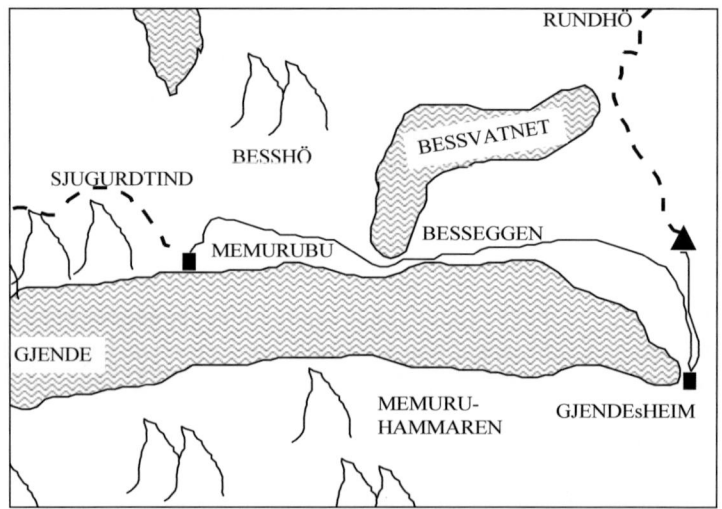

Siebte Etappe: Memurubu – oberhalb Gjendesheim

Der Matsal (Speisesaal) füllt sich zusehends. Die rustikale Einrichtung bietet ca. 50 Personen Platz. Helles Sonnenlicht flutet durch die kleinen Fenster ins Innere und lässt das fürstlich gedeckte Buffet erstrahlen. Was wird den immer hungrigen Wanderern hier nicht alles geboten: Knäckebrot, „normales" Brot, Butter, Marmelade, Eier, Bratkartoffeln, Müsli, Gurken, rote Beete, Wurst und Schinken, Milch, Orangensaft, Kaffee, Tee, Cornflakes, mehrere Sorten Käse (z.B. Geitost) und schließlich Fiskeböller (Fischbällchen). Auf Wunsch gibt es auch Papiertüten, falls jemand den Drang verspürt, ein Care-Paket mit auf den Weg zu nehmen. Wir lassen es uns vorzüglich schmecken, ohne unnötige Eile zu entwickeln. Dagi, Rolf und ich können der Besseggen-Tour gelassen entgegensehen, befördert doch Eva, die heute Null-Bock auf kraxeln hat, sämtliche Rucksäcke per Boot nach Gjendesheim.

Jotunheimen

Blick auf den Besseggen

Dagi versucht es am Bootssteg noch einmal vergeblich, Eva vom Besseggen zu überzeugen. Schließlich lassen wir sie mit den Gepäckcontainern am Ufer des Gjendesees zurück und stiefeln unter knallig blauem Himmel, bewaffnet mit zwei kleinen Tagesrucksäckchen, den Steilhang hinter der Station Memurubu ca. 400 m hoch. Wie schön, dass der Wetterbericht für heute falsch war.

Von unserem neu gewonnenen Standpunkt aus kann ich das Boot in Memurubu ablegen sehen. Ein kleines Stück abseits der Station ergießt der Muru sein eisgraues Wasser und reichlich Sedimente in das tiefe Blau des Gjendesees. Wo der Fluss in den See mündet, gibt es ein herrliches Farbenspiel im Wasser, dessen Intensität durch das helle Sonnenlicht verstärkt wird. Richtet man den Blick wieder aufwärts, so wandert er am gegenüberliegenden Seeufer direkt in den Felsenkessel zwischen Egga und Tjörnholstind, in dem der Gletscher Nordre Tjörnholet weiß glänzend vor schneebedeckten Graten liegt. Es ist kaum vorstellbar, dass man sich mit diesen Eispanzern annähernd auf gleicher Höhe befindet, während man selbst auf sonnenübergossenem Hang im Grase sitzt. In Richtung WestSüdWest kann ich den Grat

Jotunheimen

erkennen, dessen Höhepunkt der Sjugurdstind bildet, der uns gestern noch so geärgert hat. Weit hinter mir zeichnet sich eine massive Felsformation in dunklem Grau scharf vor dem makellos blauen Himmel ab: die umliegenden Bergrücken des Blabreen. In der Zeit, in der ich diverse „takes" mit meiner Super-8-Kamera genommen habe, sind Dagi und Rolf weitergegangen. Nach einiger Zeit habe ich die beiden an einem Schneefeld, das gefahrlos umgangen werden kann, wieder eingeholt. Und das trotz des „Gedränges", das auf dieser sehr beliebten und einer der schönsten Panoramatouren herrscht. In der Tat haben sich heute etwa 2-3 Dutzend Leute für diesen Weg entschieden.

Einige „edle Faltenwürfe" später stehen wir am Fuße des Besseggen auf einer nur wenige Meter breiten Landbrücke, die den Gjendesee vom Bessvatnet trennt. Der Name „Besseggen" bedeutet so viel wie „Sensengrat", dessen höchster Punkt bei etwa 1.740 m liegt. Der Titelheld Peer Gynt, auf der Suche nach Liebe und Abenteuern, will in Henrik Ibsens Schauspiel auf einem Bock über einen Felsengrat geritten sein. Dabei könnte es sich um den Besseggen gehandelt haben.

Die Nordseite der Landbrücke hat etwa Wasserspiegelniveau des Bessvatnet, während die Südseite 400 m tiefer (!) vom Gjendesee benetzt wird. Über allem türmt sich die felsige Nase des Besseggen auf, von Generationen von Wanderern abgegriffen, so dass von Ferne eine helle Spur den einfachsten Weg über den grauen Rücken des Grats markiert. 350 Höhenmeter sind hier noch einmal zu erklettern, bevor man Norwegens berühmtestes Bergbild - gemeint ist der Blick auf die beiden o.g. Seen - vor Augen hat.

„Oh, Mensch, das sieht aber steil aus!"

Dagis Tonfall verrät alles. Jedesmal, wenn der optische Eindruck einer Gefahr eine gewisse Reizschwelle überschreitet, rutscht ihr das Herz bei völliger Unterschätzung ihrer Fähigkeiten in die Hose.

„Dagmar! Da bist Du doch schon einmal hergegangen - und hattest noch zwei Kinder dabei."

Jotunheimen

„Richtig", beeile ich mich, beizupflichten, „und du bist bergab gegangen; bergab ist es immer schwieriger als bergauf."

In der Tat ist es wirklich nicht ganz ungefährlich. Der Fels ist zwar griffig, bietet mit seinen unzähligen Ecken und Kanten Händen und Füßen überall Halt. Der erkletterbare Pfad verjüngt sich allerdings zusehends auf eine maximale Breite von schließlich nur noch 3 m, der mitunter verdammt nah an die Kante des Grates führt, von wo aus man einen fantastischen Blick auf die Steilwand des Besseggen hat, die auf direktem Weg in den Gjendesee abfällt.

Die Sonne steht noch hoch am Himmel als wir der herrlichen Landschaft aus Fels und Schnee im Westen den Rücken kehren. Dagi beginnt den Aufstieg ihrem unguten Gefühlt gemäß sehr zaghaft. So klettern wir denn, Hände und Füße gleichermaßen zum Einsatz bringend, empor. Oben angekommen, lebt Dagi richtig auf. War sie zwischendurch häufiger von dem Wunsch beseelt, an Evas Stelle über den Gjendesee zu tuckern, so möchte sie in diesem Moment nichts mehr davon wissen. Denn bei dem herrlichsten Aussichtswetter, das Wanderer sich wünschen können, haben wir nun tatsächlich Norwegens berühmtestes Bergbild live und in Farbe vor Augen. Der tintenblaue Bessvatnet und der grünlich schimmernde Gjendesee liegen zu unseren Füßen, getrennt durch den schmalen Pfad des Besseggen mit einem Niveauunterschied von ca. 400 m. Dazu im Hintergrund die weißgekrönten Häupter der westlichen Jotunheimen-Gipfel und dem strahlend blauen Himmel... Herz, was willst du mehr?

Dieses Panorama ist der schönste Lohn für eine anstrengende Kletterpartie. Ich erinnere mich an einige alte, von Engländern verfasste Aufsätze, wie sie insbesondere zwischen 1900 und 1930 in den Jahrbüchern des Norwegischen Wandervereins DNT abgedruckt wurden. Beim Lesen dieser (Erlebnis-)Aufsätze fällt immer wieder die ungeheure Begeisterung der Verfasser auf, mit der sie ihre Wanderungen und Kletterpartien in der damals noch erheblich wilderen und unerschlosseneren norwegischen Landschaft beschreiben.

Jotunheimen

Auf dem Bessegen; im Hintergrund Memurutindane

Ich brauche mich nur umzuschauen, um diese Begeisterung nachempfinden zu können.

Oben auf dem Besseggen tut sich eine Hochebene auf - über und über mit Geröll bedeckt. Die einzige Abwechslung in dieser kargen Steinwüste bilden einige kleine Schneefelder, die unter der sengenden Sonne arg zu leiden haben. Die Wegmarkierungen sind spärlich, weil sie hier entbehrlich sind. Ein schmaler Trampelpfad, dessen Oberfläche sich nur durch eine gewisse Plattheit von der Umgebung unterscheidet, zieht sich so weit das Auge reicht deutlich sichtbar durch die Gerölllandschaft. Ungezählte Wandererfüsse haben die kleineren Steine niedergetreten und untrennbar mit dem Untergrund verbunden. Sehr weit dehnt sich dieses pflanzenlose steinerne Meer aus bis es endlich langsam, aber merklich wieder abwärts geht. Bald ist der Abstieg so steil, dass wir einen Schneehang bequem auf dem Hosenboden schlitternd überqueren können. Weiter unten wird es manchmal noch schlimmer, wenn der Pfad sehr abschüssige, ziegenpfadähnliche Serpentinen bietet.

Jotunheimen

Dann ist sie plötzlich zu sehen, die große Station am östlichen Ende des Gjendesees: Gjendesheim. Ich sehe viele Parkplätze und eine gut ausgebaute Zufahrtsstraße. Welch ein Gegensatz zu der Lage der gemütlichen Memurubu-Hütte, von de wir heute Morgen aufgebrochen sind. Bei der Station angekommen, empfängt uns Eva gleich mit einer tollen Rucksackstory. Nachdem sie die Rucksäcke vom Fährboot zur Anlegestelle gewuchtet hatte, ging sie mit ihrem Rucksack zur eigentlichen Station hinüber. Dort ließ sie ihn draußen vor der Tür stehen. Während sie in der Station saß und las, bemerkte sie lediglich am Rande, dass ein Postbus direkt vor dem Haus hielt und sowohl Reisende als auch Gepäck einlud. Erst als der Bus schon abgefahren war, folgte sie einem unbestimmten Gefühl und trat hinaus vor die Tür.

Tatsächlich, ihr Rucksack war weg. Der eifrige Postbusfahrer hatte alles eingeladen, was ihm unter die Finger kam. Da stand Eva nun, während ihr Rucksack Richtung Oslo rollte. Im ersten Moment noch mit Panik in den Augen, ging sie schon im zweiten souverän zu Werke und löste das Problem höchst elegant. Ein Wanderer männlichen Geschlechts, durchaus empfänglich für Evas Charme, konnte einem weiteren norwegischen Busfahrer die Sachlage in der adäquaten Sprache erklären und mit Hilfe der segensreichen Erfindung des Funkgerätes wurde der Rucksack-Entführer über den Äther benachrichtigt und veranlasst, sein Opfer am nächsten Haltepunkt freizusetzen. Das bedeutete für Eva zwar ein paar Kilometer Fußmarsch, doch schließlich war sie froh, dass diese Episode so glimpflich ausgegangen war.

Da sieht man's mal wieder: kaum nähert man sich der Zivilisation, schon gibt's Probleme. Selbst der simple Akt des Brotkaufens gestaltet sich als nervenzerrüttendes Drama. Die Gjendesheimer weigern sich anfangs, zwei popelige Pakete Knäckebrot herauszurücken und das, obwohl sie eine relativ große Kantine unterhalten und bequem über die Straße versorgt werden können. Rolf hat einen schweren Stand und erst als er anführt, dass Gjendesheim in den Unterlagen des DNT als

Jotunheimen

Verproviantierungshütte ausgewiesen ist, geben die Gjendesheimer nach.

Unsere Tagesetappe ist noch nicht zu Ende. Die letzten 150 Höhenmeter des Abstiegs vom Besseggen nach Gjendesheim müssen wir nun wieder bis zu jener Weggabelung erklimmen, wo der Weg nach Glitterheim via Rüssvatnet abzweigt. Bis wir dort - an der Weggabelung - unsere Zelte aufschlagen können, kämpfen sich Dagi und Eva mit schweren Schritten bergauf. Rolf schnauft auch schon ein wenig, nur ich fühle mich heute voller unbändiger Energie.

Aber schließlich bin auch ich froh, als unsere Schlafgemächer in einer holperigen Mulde weich bewachsenen Bodens stehen. Ich denke noch lange an den herrlichen Blick vom Besseggen, an den Hund, dem wir begegneten, dem sein Herrchen das Futter auf den Rücken geschnallt hatte, an Rolfs Besteigung eines aus losen Steinen aufgeschütteten Haufens in der Geröllwüste des Besseggen, an die Rutschpartie im Schnee, an Evas Rucksackdrama, ... , ... , ...

Jotunheimen

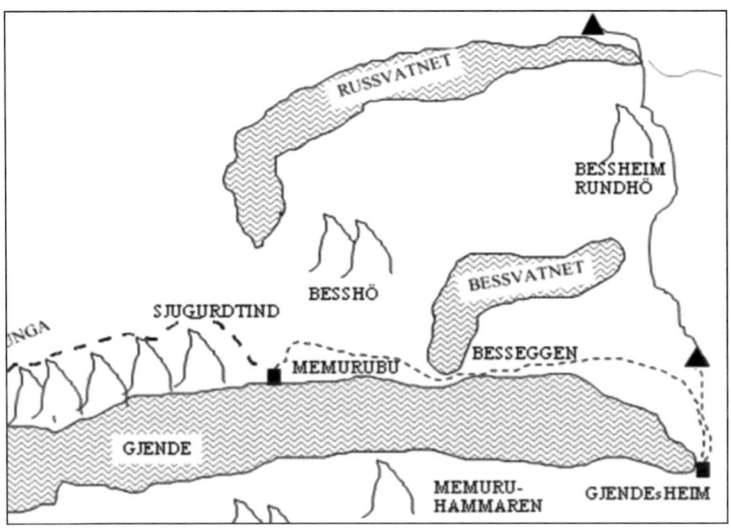

Achte Etappe: oberhalb Gjendesheim - Russvatnet

Der holperige, unebene Boden war nicht dazu geeignet, einen erhol-
samen Schlaf zu gewährleisten. Dementsprechend verbogen fühle ich
mich als ich aufwache. Nur der Sonnenschein, der die Zeltkuppel über
mir leuchten lässt, besänftigt mein Gemüt. Das Geräusch des betätig-
ten Reißverschlusses bringt Leben in die Gestalt neben mir und der
leichte, aber frische Wind, der nun ins Zelt strömt, tut sein Übriges.
Bald befindet sich auch Rolf in einem Zustand, den man großzügig als
'wach' bezeichnen kann. Niemand reißt sich darum, das Frühstück
herzurichten. Ganz im Gegenteil: Rolf und ich bewegen uns - noch
immer in den Schlafsäcken steckend - robbenderweise über den dicken
Pflanzenteppich, kauern uns in passende flache Erdmulden und lassen
den Wind über unsere Köpfe hinweg streichen. Ich vermag nicht mehr
zu sagen, wer letztendlich alles aufgebaut hat, aber irgendwann hocken
wir alle um den dampfenden Wasserkessel versammelt.

Jotunheimen

Die heutige Etappe zum Russvatnet ist nicht sehr lang. Mit etwa 8 km Länge und einem Höhenunterschied von maximal 50 m stellt sie die geringsten Anforderungen.

Während des ersten Teilstücks streifen wir die letzten Ausläufer des Besseggen, den wir gestern so mühsam hinauf- und hinabgestiegen sind, passieren den Bessvatnet und überqueren seinen Abfluss, den Bessa. Es fängt wieder an, leicht zu nieseln und ich verwünsche nach Herzenslust dieses verdammte Kleingeröll, auf dem es sich genau so gut geht wie auf Eiern. Zudem spüre ich immer häufiger diese Blase an meiner Ferse.

Die Gegend ringsum wirkt kahl und langweilig. Kein Baum, kein Strauch und in näherer Umgebung keiner der majestätischen Jotunheimen-Gipfel. Ich merke, dass ich heute nicht gut drauf bin. Mir ist es ganz recht, wenn wir am Russvatnet die Zelte wieder aufschlagen werden.

Bei Teilumrundung des Bessheimrundhö können wir uns persönlich davon überzeugen, wie sich der Russvatnet kalt und grau in die Landschaft flegelt. Russaa, der den Abfluss des langgezogenen bogenförmigen Gewässers bildet, wird an der Russvassbua am letzten östlichen Zipfel des Sees mittels einer Hängebrücke überquert. Nur 1-2 km weiter ist ein schöner Zeltplatz gefunden.

Ah, ich muß mich erst einem ausruhen; den anderen scheint es ebenso zu ergehen, Irgendwann später kommen Rolfs und mein Magen zu dem übereinstimmenden Ergebnis, dass es nun an der Zeit sei, das Abendessen einzunehmen. Zunächst lauschen wir erwartungsvoll zum Frauenzelt hinüber. Grabesstille. Kein Topfgeklapper - nichts. Minuten angestrengten Lauschens verstreichen ergebnislos.

„Ich halte das nicht mehr aus!" Mühsam rappele ich mich auf. „Ich schau mal nach, was die Damen machen."

„Gute Idee", glaube ich aus dem trägen Brummen meines Nebenmannes zu erkennen.

Ein Blick ins Frauenzelt fördert Erstaunliches zutage: Dagi ist verschwunden.

Jotunheimen

Ihr Platz neben der zusammengerollten Eva ist leer. In der näheren Umgebung der Zelte ist sie auch nicht zu entdecken. Wo mag sie nur stecken? Rolfs einzige Reaktion auf diesen ungewöhnlichen Umstand ist ein weiteres unverständliches Brummen. Bis er seinen müden Körper aus dem Zelt gehievt haben wird, suche ich mit zusammengekniffenen Augen das weitere Umfeld des Lagers ab. An einem winzigen roten Fleck an den Hängen des ca. 2 km entfernten Russfjellet bleibt mein Blick schließlich hängen. Bei diesem leuchtend farbigen Klecks in der sonst von tristem Licht nur spärlich erhellten felsigen Landschaft kann es sich nur um die vermisste Dagi handeln. Ja, jetzt bewegt sich der rote Punkt eindeutig auf einige andere, helle Punkte zu.

Was, um alles in der Welt, gibt es dort zu besichtigen? Durch heftiges Winken soll Dagi auf unser Hungergefühl aufmerksam gemacht und zur Rückkehr bewogen werden. Ich bezweifle allerdings, dass sie unsere Signale wahrnimmt und so bleibt uns nichts anderes übrig, als geduldig abzuwarten.

In der Zwischenzeit werden die nötigen Vorbereitungen zur Herstellung einer warmen Mahlzeit getroffen.

Später erzählt Dagi durch den aufsteigenden Dampf der heißen Suppe von ihrer Begegnung mit den Schafen und Pflanzen, die sie auf ihrem Fototrip gesehen hat.

Ich bin gespannt darauf, was es morgen auf dem Weg nach Glitterheim zu sehen gibt.

Jotunheimen

Donnerstag, 9.7.87

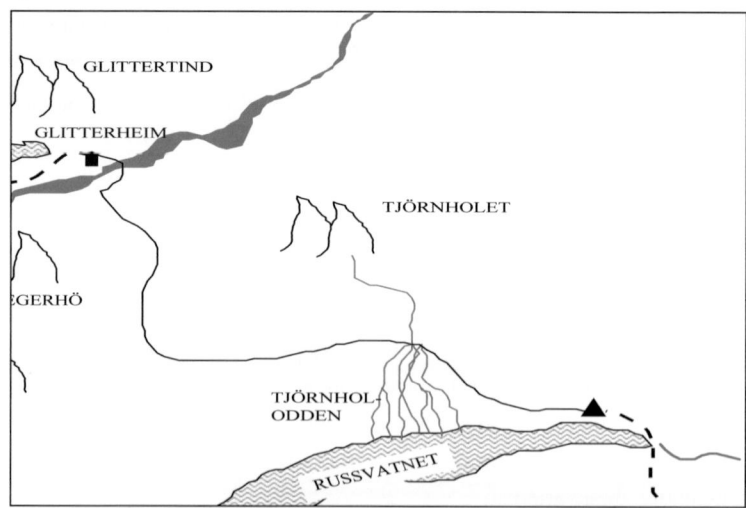

Neunte Etappe: Russvatnet - Glitterheim

Schnee!!

Ich bin total überrascht als ich das Zelt öffne. Und es rieselt noch immer weiß und leise. Ein neuerlicher Hauch von Winter hat sich in Gestalt einer weißen Haut über das Land gelegt. Ich brauche einige Sekunden, um das zu erfassen, was da vor sich geht. Wir haben doch Sommer! Meinen Kameraden geht es nicht anders. Die weiße Pracht ist zwar eine unerwartete Überraschung, aber es ist keine böse. Wir haben unseren Spaß an dem vom Zeltdach abrutschenden Schnee und an dieser ungewohnten Situation überhaupt. Es bleibt nur zu hoffen, dass der Schneefall nicht von langer Dauer ist. Nicht, dass man bei Schneefall nicht wandern könnte, doch wäre die Sicht stark beeinträchtigt.

Mit dem Schnee ist ein feuchtes, kaltes Klima gekommen, das die Lebensgeister nur langsam erwachen lässt. Erst in der heimeligen Wärme des Frühstückszeltes tauen wir richtig auf. Nicht anders erging

Jotunheimen

es dem ohnehin nassen Schnee, der durch während des Frühstücks einsetzenden Nieselregen nahezu spurlos beseitigt wurde. Bei unserem Aufbruch erinnern nur noch ganz wenige kleine weiße Flecken in der Landschaft von der heutigen Morgenüberraschung.

Weiße Morgenüberraschung

Wir bewegen uns zunächst sehr nah am Ufer des Russvatn entlang. Der Pfad ist in relativ weichen Boden getreten und recht angenehm zu gehen. Kurz bevor wir Tjörnholodden, ein von zahlreichen Nebenläufen des Tjörnholaa zerfasertes Ufergebiet des Russvatn erreichen, schwenken wir in Richtung NordNordWest vom See ab. Dabei nähern wir uns in sehr spitzem Winkel dem Tjörnholaa, der aus den Höhen des Tjörnholet hinab donnert. Allmählich ansteigende 140 Höhenmeter über nach und nach schwindende Vegetation führen uns an eine Hängebrücke über den Tjörnholaa. Der Fluss braust durch einen scharfen Einschnitt ins Tal abwärts, wühlt sich unter ein Schneefeld hindurch, bis er seine Wucht in den zahlreichen Armen des Tjörnholodden verliert.

Jotunheimen

Am jenseitigen Ufer angelangt, setzt urplötzlich ein Schauer heftigen Schneeregens ein. Fluchtartig retten wir uns unter die bewährte grüne Plastikplane. So hocken wir direkt an der Weggabelung, die den Weg nach Glitterheim in die Alternativen entweder via Tjörnholet oder um den Vestre Hestlaegerhö teilt.

Unter der Plane rücken wir eng zusammen, um möglichst viel Wärme zu konservieren. Doch der kalte Wind kühlt zielstrebig aus und bald wird es so ungemütlich unter dem provisorischen Schutzdach, dass wir weiterziehen. Auf ca. 3 km suchen wir unseren Weg über immer spärlicher bewachsenes Geröll ziemlich genau in Westrichtung. Dann schwenken wir nach NordNordWest ab.

Mehr und mehr Findlinge säumen den Weg, die die Eintönigkeit der grauverhangenen Gerölllandschaft unterbrechen. Ihr Windschatten ist oft willkommene Einladung, eine Pause einzulegen. Das denken auch diese beiden Burschen, die mit den Regenponchos über ihren Rucksäcken aussehen wie Mönche mit gravierenden Rückenschäden. Dicke Qualmwolken strömen aus ihren Mündern und bei näherem Hinsehen entpuppen sich die kurzen Stöcke in ihren Händen als dicke Zigarren. Sie grüßen freundlich und winken lachend mit ihren „Stinkelingern" herüber.

Obwohl die Erde schon vollgesogen ist wie ein Schwamm, ballen sich die grauen Wolken mehr und mehr zusammen. Entgegen unseren Erwartungen wird das Wasser bald in anhaltender Ergiebigkeit vom Himmel fallen. Als es tatsächlich wieder anfängt zu regnen, haben wir fast den Vestre Hestlaegerhö erreicht, der uns seine schneebedeckte Südseite als Hindernis in den Weg stellt. Sie ist glatt wie eine jungfräuliche Skipiste - bis auf die knietiefe Rinne, die sich auf direktem Weg nach oben in den Schnee gefressen hat. Wir sind nicht die einzigen Wanderer, die sich diese gut 100 Höhenmeter hinauf quälen. Ohne sich umzusehen weiß Rolf ganz genau, wer einige Meter hinter ihm unter röchelndem Husten versucht, den Aufstieg zu teeren. Die beiden

Jotunheimen

Hängebrücke über den Tjörnholaa

„Mönche" bleiben immer häufiger stehen und bald haben wir sie ganz aus den Ohren verloren. Der Wind pfeift um die Höhe, treibt die feinen Regentropfen wie Nadeln unter die Haut der entblößten Arme und Gesichter. Nebel umschließt den Gipfel wie ein riesiger Wattebausch. Fast übergangslos treten wir von weichem, pappigem Schnee hinüber in das Reich der rutschigen Steine, die sich nass glänzend wie ein Meer feuchter Hundenasen vor uns ausbreiten. Diese Nordseite des

Jotunheimen

Vestre Hestlaegerhö führt weniger steil abwärts als die eben erklommene Schneeseite. Der kalte Wind macht meine Arme etwa so sensibel als wären sie in Beton gegossen. Aber ich verspüre keinen Drang, auf diesen glatten Steinen, auf denen Rolf schon zweimal ausgerutscht ist, großartige Ankleidemanöver durchzuführen. So begeben wir uns in lockerer Formation langsam, aber stetig, abwärts. Als die Hütten von Glitterheim in Sichtweite geraten, glauben wir uns dem Ziel schon nahe.

Doch weit gefehlt! Wir schleichen zu den Hütten wie die Katze um den heißen Brei, weil der Veo ausgerechnet hier so viel Platz zum Fließen benötigt. Während diverse seiner Ausuferungen umgangen werden müssen, kann Dagi es einmal unter Aufbringung akrobatischer Fähigkeiten vermeiden, nach einem Ausrutscher einen nassen Hosenboden zu bekommen.

Wir tauchen in den Windschatten der Hütten, glücklich, endlich die Schuhe von den müden Füßen und die feuchten Hemden von den ausgekühlten Körpern reißen zu können. Gegenüber dem Haupthaus sind in einem Nebengebäude einige Schlafräume und - was für uns wichtig ist - ein Trockenraum untergebracht. Nachdem wir den ersten 'big pot of coffee' hinuntergestürzt haben, versuchen Rolf und ich in dem winzigen Trockenraum, der schon fast bis an seine Kapazitätsgrenze gefüllt ist, Platz für unsere Sachen zu finden. Dann schlagen wir in direkter Nachbarschaft des Haupthauses die Zelte auf.

Im Laufe des Nachmittags laufen auch unsere beiden 'Zigarillos' ein, die nachdem Absetzen ihrer Rucksäcke nichts Eiligeres zu tun haben, als unverzüglich je eine ihrer privaten Kleinfeuerungsanlagen in Betrieb zu nehmen.

Der heiße Kaffee, die warme Dusche und anschließend die entspannende Lektüre alter Jahrbücher des DNT haben mir gutgetan. Das Wetter heute war so angenehm wie Zahnschmerzen, die man ohne griffbereiten Alkohol ertragen muß, und ich bin froh, dass ich den Schlafsack endlich mit meinem ermatteten Körper bevölkern kann.

Jotunheimen

„Auf, auf, die Sonne lacht. Heute gehen wir auf den Gipfel."
Rolfs Miene ist nicht geeignet, Widersprüche gegen die Gipfeltour auf den Glittertind, mit 2.464 m Norwegens zweithöchstem Berg, verlauten zu lassen.

Der Glittertind („Glitzerzinne") galt bis 1981 als höchster Berg nicht nur Norwegens, sondern ganz Nordeuropas. In den 30er Jahren wurde seine Höhe mit 2.481 m angegeben. Mittlerweile ist die auf seinem Gipfel liegende Eiskappe auf 2.464 m abgeschmolzen. Jetzt überragt ihn der Galdhöpiggen (selbst eisfrei) um 5 m.

„Nö, ich bleib' hier unten. Ich hab' keine Bock, auf den blöden Berg zu stiefeln."

Rolfs bestimmendes Gesicht nimmt väterlich weiche Züge an bei dem zum Scheitern verurteilten Versuch, seine renitente Tochter zu überzeugen, zu überreden, zu locken. Doch Eva bleibt hart, prophezeit schlechtes Gipfelwetter und wickelt sich wieder in den Schlafsack.

Dagi ist anfangs unschlüssig, ob sie soll oder doch nicht soll; aber als wir Männer, die wir das Abenteuer doch so lieben, die ersten Schritte zu den vor uns liegenden 1.000 Höhenmetern machen wollen, entscheidet sie sich für das ersehnte Panorama auf sonnenglitzernde Gletscher.

Wir eröffnen mit einem trockenen Aufstieg über Geröll und abermals Geröll, gehen über zu einsetzendem Schneefall und verharren das erste Mal wirklich zweifelnd etwa 600 Höhenmeter unterhalb des Gipfels, nachdem wir schon seit geraumer Zeit heftiges Schneetreiben haben und über eine geschlossene, dicke Schneefläche tapern, die uns gemeinerweise einige Male bis zu den Hüften einsinken lässt.

All diesem setzt der dichte Nebel die Krone auf. Wäre nicht der kalte Wind, man käme sich vor wie in einem finnischen Dampfbad. Alles ist weiß: Himmel und Erde sind eins geworden. Das Auge ist überfordert, es kann keinen Horizont mehr ausmachen, so dass das

Jotunheimen

Gefühl für Entfernungen völlig ausgeschaltet ist. Nur hin und wieder lugt die schwarze Spitze eines Felsens aus der Schneedecke.

Plötzlich taucht eine norwegische Familie aus dem Nichts auf, zielstrebig abwärts gehend. Es habe keinen Zweck weiterzugehen, sagen sie. Weiter oben würde der Nebel nur noch dichter, das Schneetreiben noch stärker. Es wäre kaum möglich, den Markierungen zu folgen.

Wir gehen trotzdem weiter, inbrünstig auf einen Wetterumschwung hoffend. Auf einer Höhe von gut 2.000 m, also ca. 500 m unterhalb des Gipfels, geben wir schließlich auf. Auslösender Faktor ist eine zweite Gruppe enttäuschter Wanderer, die bis auf 2.200 m gekommen waren, dann aber die Notwendigkeit des Abbruchs der Gipfeltour erkannt haben. Wir machen auf dem Absatz kehrt. Die Enttäuschung ist im ersten Moment natürlich groß. Schließlich hat man sich auf eine grandiose Aussicht gefreut, die einem nicht alle Tage geboten wird. Aber gewisse Dinge wie das Wetter sind und bleiben eben nicht beeinflussbar und unberechenbar.

Auf der anderen Seite habe wir vor wenigen Tagen erst das große Glück gehabt, zur richtigen Zeit am richtigen Ort gewesen zu sein. Das Panorama vom Besseggen konnten wir unter Bedingungen genießen wie sie besser nicht hätten sein können.

Wir trösten uns mit dem Gedanken, dass wir irgendwann vielleicht noch mal herkommen werden und der Wettergott dann auf unserer Seite sein wird.

Jotunheimen

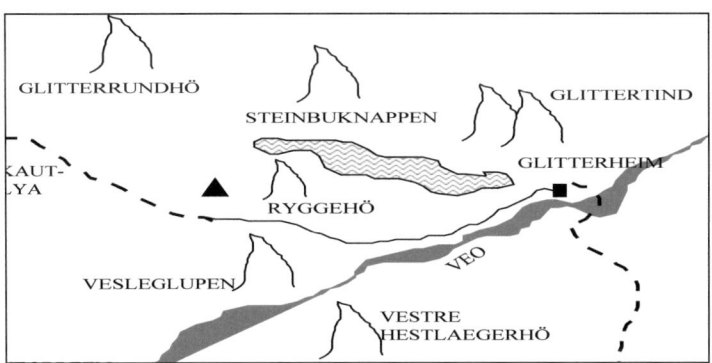

Zehnte Etappe: Glitterheim - Skautflya

Der Mann an der Rezeption zeigt sein breitestes Grinsen, denn wir sind drauf und dran, das Lebensmittellager leerzukaufen. Der vielversprechende Tag sieht uns beladen mit vier riesigen Packungen Knäckebrot, zwei Tuben Streichkäse mit Schinkenstückchen, vier Portionspackungen Marmelade und einem Paket Milchpulver zu den Zelten stolpern.

Bald darauf lenken wir unsere Schritte Richtung Spiterstulen, und zwar auf dem Weg, der südlich des Glittertind verläuft statt darüber. Wir werden uns also durch das weit ausladende Tal des Veo bewegen. Obschon die Sonne heiß wie ein Saunaofen vom Himmel brennt, ist es dank der langgezogenen und flachen Steigung angenehm zu wandern. Schon nach 3 km kommt man spontan zu dem Entschluss, Rucksäcke und störende Kleidungsstücke ab- und sich selbst bäuch- bzw. rücklings auf den warmen Boden zu werfen, um sodann UV- und sonstige Strahlen prickelnd auf der entblößten Haut zu spüren. Dagi spielt mit dem Gedanken, die Zelte gleich hier wieder aufzuschlagen und den schönen Tag faul und träge verstreichen zu lassen. Eva ist diesem Ausklang eines „anstrengenden Tages" - man denke an die zurückge-

Jotunheimen

legten 3 km - auch nicht abgeneigt, doch Rolfs halbschräger Blick von links rückt alles wieder ins rechte Lot.

„Ihr spinnt wohl! Wir müssen noch über den Pass am Veslegupen und sollten froh sein, dass dabei gutes Wetter herrscht. Habt ihr etwa den Vestre Hestlaegerhö von vorgestern schon vergessen. Ich will so eine Geschichte nicht noch einmal mitmachen, wenn es sich vermeiden lässt."

Diese Argumentation hat etwas für sich. In der anschließenden Diskussion einigen wir uns dann darauf, bis 16 Uhr zu ruhen und dann wenigstens noch über den Pass zu gehen.

Während dieser Konferenz hielt ich den Blick auf den Veo gerichtet, der seine sedimentreichen, tongrauen Wasser ruhig durch den Talgrund wälzt. Tief unter der eisigen Oberfläche des Veobreen, die noch immer bedeckt ist vom Schnee des letzten, harten Winters und so dem Gletscher ein friedliches Aussehen verleiht, wird das Schmelzwasser mit ungeheurer Wucht aus dem Eis gedrückt. Ich habe bislang nur relativ klare Gletscherflüsse gesehen, aber der Veo ist derartig milchig trüb, dass er gewaltige Mengen an Schlamm und Gestein mit sich führen muß.

Jenseits des Flusses zeichnen sich die Umrisse des Vestre Hestlaegerhö (1.758 m), Styggehö (1.833 m) und der Veotindane (2.120 – 2.267 m), die sich zwischen den Gletschern Veobreen und Styggehöbreen befinden, vor dem leuchtenden Blau des Himmels ab.

Der spärlich mit dünnem, kurzem Gras bewachsene Boden ist angenehm warm. Aber nach kurzer Zeit gefällt es mir, der ich schon von jeher Hummeln im Hintern habe, nicht mehr, still und starr in der Sonne zu liegen. Ich gebe meinem Bewegungsdrang nach und realisiere die 4 oder 5 Einstellungen für die Kompass-Sequenz der Super-8-Dokumentation dieser Wanderung. Während meine Gefährten scheinbar leblos in der Landschaft verstreut liegend von meinen filmischen Aktivitäten offenbar nichts mitbekommen, kämpfe ich mitunter hartnäckig mit der Tücke des optischen Objektes. Schließlich ist alles im Kasten. Bleibt nur zu hoffen, dass sich nachher auch einiges verwenden lässt.

Jotunheimen

Die schwarzen Bergflanken jenseits des Veo haben es mir angetan. Diejenige des Styggehö scheint ohne Schwierigkeiten zu bewältigen zu sein. Ich zögere nur kurze Zeit. Dann melde ich mich ab und verspreche, bis 16 Uhr zurück zu sein.

Das Gelände fällt auf den ca. 400 m zum Fluss hin sanft ab. In Ufernähe wird der Grasboden mehr und mehr von sumpfigen Flächen abgelöst. In weiser Voraussicht bin ich gleich barfuß losmarschiert, weil ich ja eh den Veo durchwaten muß. So brauche ich die Sumpffelder nicht weiträumig zu umgehen, sondern stapfe mitten hindurch. Braunes, brackiges Wasser mit stellenweiser ölig schimmernder Oberfläche spritzt dabei an meinen Beinen hoch.

Der Veo hat sich in den weichen Talboden eingegraben. Zurzeit ist der Wasserspiegel nicht auf seinem höchsten Stand, sodass zwischen eigentlichem Ufer und fließendem Wasser graue Sandbänke freiliegen. Je näher ich dem Wasser komme, desto mehr gibt der sandige Untergrund nach. Im Wasser gar wird mir der Boden augenblicklich von der starken Strömung unter den Füßen weggespült. Darum suche ich doch lieber eine schmalere Watstelle, auch wenn zu befürchten ist, dass die Wassertiefe dort größer sein wird als an einer breiteren Stelle des Flusses. Glücklicherweise wird die bis übers Knie hochgekrempelte Hose nur am Saum etwas feucht. Doch ich weiß schon jetzt, dass bei diesem strahlenden Wetter bei fortgeschrittener Tageszeit der Wasserspiegel durch vermehrtes Schmelzwasser aus dem Gletscher ansteigen wird.

Mit dem Hemd trockne ich meine Füße, schlüpfe in die Wanderschuhe und wenig später marschiere ich zügig auf das dunkle Geröllfeld zu, das die mir zugewandte Flanke des Styggehö bildet. Gut 200 steile Höhenmeter muß ich ab jetzt über tonnenschwere Felsblöcke, mit schwarzen Flechten beklebt, emporklettern. Ich bin überrascht, hatte ich doch nach Beobachtung aus der Ferne unseres Pausenplatzes maximal mit melonengroßen Geröllbrocken gerechnet, nicht aber mit derartigen Klötzen von 1 - 2 m Kantenlänge.

Jotunheimen

In dem Bemühen, möglichst schnell an Höhe zu gewinnen, klettere ich munter drauflos, oftmals Minischneefeldern ausweichend. Dabei achte ich nicht so sehr auf die grobe Richtung, in die ich mich bewege, sondern konzentriere mich auf die unmittelbar vor mir liegenden Meter. Doch irgendwann gebietet mir eine innere Stimme, mich neu zu orientieren - und stelle fest, dass ich erheblich vom „Weg" abgekommen bin. Statt wie geplant diagonal aufzusteigen, habe ich seit geraumer Zeit den Hang auf einer Höhe bleibend traversiert. Es wäre weitaus besser gewesen, am Fuße des Geröllfeldes entlangzugehen und so einige weniger anstrengende Meter mehr in Kauf zu nehmen. Als mir dieses nun durch den Kopf geht, befinde ich mich praktisch genau im Zentrum des Gerölls. Nun ist es einerlei, ob ich auf- oder absteige oder so weitergehe wie bisher. Mein einziges Bestreben ist nun, so schnell wie möglich „festen Fels" unter die Füße zu bekommen. Ich versuche nach Möglichkeit, drohend über mir aufragende Überhänge zu vermeiden. Der Gedanke, einer dieser schwarzen, steinernen Riesen könnte sich mir aufs Haupt legen, behagt mir gar nicht. Bald stellt sich auch die Angst ein, einen Steinrutsch auszulösen, in den man unentrinnbar einbezogen würde. Dieses Gefühlt steigert sich zur Alarmstufe rot, wenn ich einen vermeintlich bombenfesten Wackermann betrete und jener daraufhin dieses hässliche Geräusch von sich gibt, das entsteht, wenn man Stein auf Stein reibt.

„Bereuet! Das Ende ist nah!" schießt es mir durch den Sinn, denn zahlreiche Hohlräume und Spalten verstärken dieses Geräusch unheilvoll. Bis zum angepeilten westlichen Rand des Geröllfeldes sind noch ca. 15o m zurückzulegen. Behutsam, als stünde ich auf Eiern, die ich bei Todesstrafe nicht zerbrechen darf, bewege ich mich vorwärts. Ich stelle mich erst dann mit meinem vollen Gewicht auf den nächsten Klunker, nachdem ich langsam mit einem Fuß getastet habe, ob er auch fest liegt. So mancher bewegt sich bei diesem Vorgehen und der eine oder andere neigt sich gefährlich hangabwärts. In diesen Momenten mahne ich mich zur Ruhe, um nicht panikartig loszuhetzen, ziehe den Fuß wieder zurück und versuche es woanders. Mitunter wage ich es kaum, weiterzugehen, muß warten bis sich der Adrenalinspiegel

Jotunheimen

wieder gesenkt hat. Während dieser Passage drängt sich eine ähnlich verfängliche Situation in meine Erinnerung, damals, auf dem Sisiliekruna. Aber das ist eine andere Geschichte.

Langsam aber stetig erreiche ich schließlich auf die eben umschriebene Art und Weise, befreit aufatmend, den Rand des Gerölls, die magische Grenze, jenseits derer alle Angst Vergangenheit ist. Hier entdecke ich sogar einige kleine Steinmännchen, die mir helfen, einen weitaus einfacheren Weg nach oben zu finden. Allerdings legen sich auch hier mitunter Schneefelder in den Weg. Zu meiner Rechten fällt eines sehr steil ca. 200 m ab. Die Oberfläche ist verharscht und wie ich bald feststelle, ist der Schnee gut einen Meter tief. Zu allem Überfluss verliere ich in dem umgebenden Geröll die Steinmännchen aus den Augen. Ich halte es für das Beste, teilweise im Schnee höher aufzusteigen. Die Schuhspitzen in die harte, oberste Schneeschicht stoßend, blicke ich hinab und versuche mir vorzustellen, ob ich bei einem Abrutschen wieder zum Halten käme.

Nach einer anstrengenden Kraxelei durch Schnee, über Fels, wieder durch Schnee bin ich endlich oben auf dem Rücken des Styggehö. Ein Gefühl keimt in mir auf, als hätte ich gerade den Everest bezwungen.

Der Platz, wo Dagi, Rolf und Eva sich sonnen, ist von hier aus mehr zu ahnen als genau auszumachen. Personen kann ich überhaupt nicht erkennen, nicht mal durchs Teleobjektiv.

Dafür habe ich nun bei diesem herrlich klaren Wetter eine fantastische Sicht auf Teile des Veobreen, die vom Tal nicht zu sehen sind, auf die Veotindane und weit im Süden auf die Kette der Russbakkane, hinter der der Russvatn, an dessen Ufer wir vor zwei Tagen noch gezeltet haben, seine türkisfarbenen Wasser sammelt. Ich genieße diese Aussicht so lange wie möglich. Doch dann muß ich mich wieder auf den Rückweg machen.

Den ersten Teil des Rückweges lege ich wieder in dem langen Schneefeld zurück bis ich wieder auf Steinmännchen treffe. Diesen folge ich dann problemlos ins Tal. An der Watstelle entledige ich mich in weiser Voraussicht neben Schuhen und Strümpfen auch der langen

Jotunheimen

Hose. So gelange ich mit trockenen Klamotten hinüber. Knapp 2 ½ Stunden war ich allein unterwegs.

Kurze Zeit später brechen wir in Richtung Spiterstulen auf. Die einzige steile Stelle der heutigen Etappe, das Bandet zwischen Veslegupen und Veopallen, liegt schon kurz nach dem erneuten Aufbruch vor uns. 100 Höhenmeter astreines Geröll laden zum kurzatmigen Aufstieg unter sengender Sonne ein. Auf dem letzten Stück des Bandets treten wir unsere Spur in ein Schneefeld am Rande des Veobreen. Die verharschte weiße Fläche schmiegt sich an den steil abfallenden Fels. Die abgerundete Abbruchkante wird von der späten Nachmittagssonne malerisch beleuchtet. In diesem intensiven Licht erscheint sie metallisch glatt.

Drei kleine Seen in Folge, eher Teiche, markieren das Ende des Aufstiegs. Auch wenn der erste Vertreter der Veslegupentjørnene uns ein kleines Rinnsal kristallklaren Wassers entgegen plätschern lässt, liegt teilweise noch eine dicke Eisschicht auf ihnen.

Von nun an geht's kaum merklich bergab. Vor uns dehnt sich eine mehr oder weniger ebene Hochfläche, die Skautflya, aus, die zum großen Teil unter einer Schneedecke ruht, die nur gelegentlich von Geröllinseln unterbrochen ist. Linker Hand, also in südlicher Richtung, begrenzen die leuchtenden, weißbemützten Ausläufer des Veobreen mauerartig die Ebene. Im Norden bewachen Ryggehö, Steinbukampen, Glitterrundhö (alle um 2.000 m) die Skautflya. Unbeschreiblich schön ist die Kombination aus gleißendem Schnee, schwarzem Fels und tiefblauem Himmel. Es ist ein erhebendes Gefühl, durch diese traumhaft schöne Landschaft zu wandern. Sie erscheint so unberührt, so unvergänglich und erhaben. Und wieder - wie so oft in den letzten Tagen - erfüllt mich das Gefühl tiefer Zufriedenheit.

Schließlich endet der Schnee, macht nacktem, kargem Geröll Platz, das nirgends eine Möglichkeit zum Zelten bietet. Wir bewegen uns in langgezogener Formation. Als letzter in der Reihe sehe ich wie Rolf plötzlich unsere Ost-West-Route verlässt und nordwärts ausschert. Er hat wohl in näherer Umgebung ein geeignetes Zeltplätzchen erspäht. Dagi und Eva warten auf ihrem Pausenstein auf mich und bald können wir Rolf beobachten, der durch Absetzen seines Rucksacks und Bettung seines Bodys auf den blanken Boden andeutet, dass er heute von dieser Stelle nicht mehr wegzubekommen ist. Also noch einen ¾ Kilometer, dann werden auch wir drei es für heute geschafft haben.

Rolf hat ein gutes Auge bewiesen, denn der Boden ist eben und unsteinig und von sanften Bächen durchzogen, was eine optimale Wasserversorgung gewährleistet.

Im herrlichen Licht des Spätnachmittages wird in altbewährter Routine das Lager errichtet. Die Zelte stehen in wenigen Minuten, das Marschgepäck verschwindet darin und nur die notwendigen Kochutensilien bleiben sofort draußen. Ebenso wie die Isomatten, die wir ungeordnet um den Kocher platzieren, um hernach den verdienten kulinarischen Lohn praktischerweise liegend und im goldenen Sonnenlicht zu verinnerlichen. Unverzüglich begeben wir uns an die Zubereitung einer Hühnersuppe, die jeder voller Zufriedenheit mit sich und diesem herrlichen Tag aus seinem Bergheferl löffelt.

Auf der Skautflya

Jotunheimen

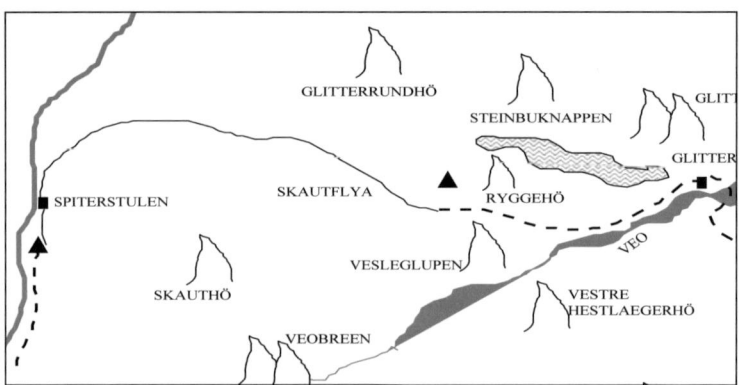

Elfte Etappe: Skautflya - Spiterstulen

Die 200 Höhenmeter, die wir gestern aufwärts gegangen sind, sollen wir heute um das 3-fache wieder absteigen. Von 1.700 m auf der Skautflya runter auf 1.100 m zur Station Spiterstulen am Fluss Visa.

Der bei Aufbruch herrschende bewölkte Himmel findet seine Fortsetzung in sich langsam in Wolken verhüllenden Bergen. Gerade über dem Tal des Visa sieht es besonders grau aus. Wie zur Bestätigung der himmlisch-feuchten Vorahnung gehen unterwegs diverse Nieselschauer nieder. Skautkampen und Skauthö markieren das Ende der „ebenen" Skautflya. Der nun vor uns abfallende Steilhang enthält ca. 80%, also 500 der 600 Höhenmeter, des während der heutigen Etappe zu überwindenden Niveauunterschiedes. Eva und ich gewinnen auf den Serpentinen einen Vorsprung, den wir bis zur Station nicht mehr abgeben.

Spiterstulen als Fjällstation ist wohl das erbärmlichste, was ich jemals an Hüttenstationen erlebt habe. Das Wort 'Hüttenstation' ist für diesen Betonbunker eigentlich gar nicht zulässig, assoziiert man bei diesem Begriff etwas, was hier niemals 'rüberkommen' kann: Wärme, Gemütlichkeit, das freudige Gefühl, einen behaglichen Zufluchtsort vor unangenehmer Witterung gefunden zu haben.

Jotunheimen

Was, um Himmels Willen, kann dazu geführt haben, dass eine Wandererstation derartig verhunzt wird? Allein die Lage außerhalb der Nationalparkgrenze und die Straße, die von der Autostraße 55 hierherführt, können nicht die Ursache sein. Denn diese Voraussetzungen treffen auch für die Leirvassbu zu, <u>das</u> klassische Gegenbeispiel zu Spiterstulen, wie wir morgen sehen werden.

Spiterstulen besitzt eine Eingangshalle, die ebenso hiltonartig wie unpersönlich wirkt. Das gleiche gilt für diverse Speisesäle, in die man durch katakombenähnliche Gänge gelangt. Während mit Beton geast wurde, hat man Holz als Baustoff nur sehr sparsam verwendet.

Ich bin enttäuscht von dieser gigantischen Fehlkonstruktion. Wir halten uns hier nicht länger auf als man Zeit für 2-3 Tassen Kaffee benötigt.

Das Visdalen wird immer trüber. Sehr weit werden wir Leirvassbu heute nicht mehr entgegengehen. Nach einer halben Stunde, während derer wir in unmittelbarer Nähe des Visa marschiert sind, fallen dicke Tropfen aus einer riesigen grauen Wolke, die über dem ganzen sichtbaren Visdalen hängt. Ohne lang zu überlegen, werden ruckzuck die Zelte nur wenige Schritte vom Weg entfernt aufgebaut. Eine weise Entscheidung, denn es regnet noch reichlich bis in den späten Abend hinein.

Jotunheimen

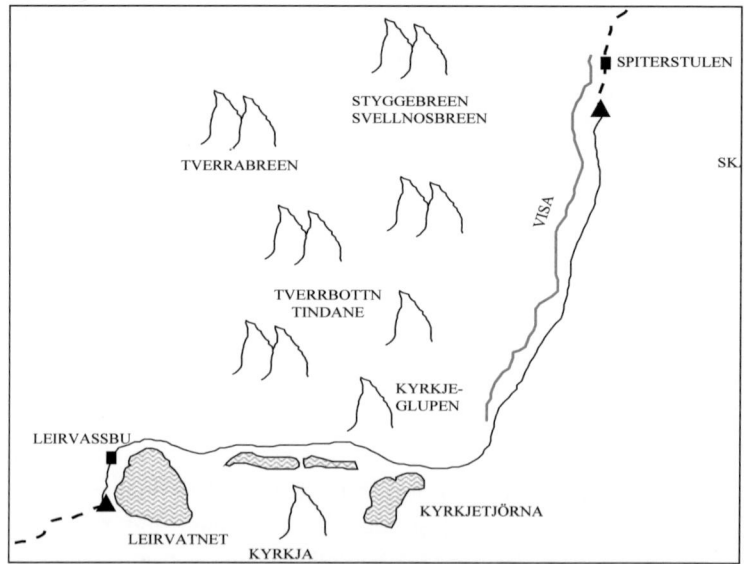

Zwölfte Etappe: Spiterstulen - Leirvassbu

Die Morgenluft ist kühl, aber regenfrei. Dagi holt uns früh aus den Daunen, um so lange wie möglich trocken wandern zu können. Glücklicherweise ist ihre Sorge unbegründet; zwar ist der Wind anfangs sehr kalt, doch lässt er im Verlauf der ersten Wanderstunde merklich nach. Sogar die Wolkendecke lichtet sich allmählich.

Der Teil des Visdalen zwischen Spiterstulen und Leirvassbu stellt für uns Wanderer den einzig gangbaren Weg zwischen der Gletschergruppe aus Styggebreen, Svellnosbreen, Tverrabreen und einigen anderen, kleineren Gletschern im Westen und der Gletschergruppe Veobreen, Austre und Vestre Memurubreen im Osten. Unzählige Abflüsse von diesen Gletschern reichern den Visa mit Schmelzwasser an. Einige müssen auf zum Teil schadhaften Brücken überquert werden, was aber kaum Schwierigkeiten bereitet.

Jotunheimen

Wir folgen im Wesentlichen dem Lauf des Visa. Die Steigung ist auf zwei Dritteln der heutigen Etappe kaum nennenswert. Erst ab ca. 2 km vor dem Kyrkjeglupen, der der höchste Punkt ist, den wir heute erreichen, werden wir uns auf ein 300 m höheres Niveau begeben.

Doch so weit sind wir noch nicht. Schon seit einiger Zeit tragen unsere Füße uns durch eine Geröllandschaft, die hie und da mal ein Erdwällchen, mal ein von Rinnsalen durchzogenes Eckchen aufweist. Dabei dient der pyramidenförmige Kyrkja (2.032 m) als Wegweiser. Gut 1 km vor seinem Fuß wird der Pfad nach Westen abschwenken.

Im Windschatten einiger mannshoher Felsbrocken gibt es zur Stärkung eine Ration Schokolade. Die große, dunkle Silhouette des Kyrkja, der wie eine gigantische Pfeilspitze aus dem Boden wächst, scheint gar nicht näher zu rücken. Der Berg steht, von kleinen Seen umgeben, relativ isoliert. Leirvatnet, Troget, Panna und Kyrkjetjörna bilden, durch Bäche miteinander verbunden, eine Art natürlichen Wassergraben, wie um die Ruhe des Berges zu schützen.

Wir brechen wieder auf. Ich habe die vage Idee einer Kameraeinstellung, bei der die Steilwände des Kyrkja zur Geltung kommen sollen. Ich beschleunige meine Schritte, um einen kleinen Vorsprung vor meinen Kameraden herauszuholen, denn ich will einen kleinen Umweg zum Fuß des Kyrkja machen. Kurz vor dem Kyrkjeglupen, wo der Pfad nach Westen abschwenkt, marschiere ich geradeaus (südlich) weiter, zwischen den Seen Panna und Kyrkjetjörna hindurch.

Auf der Höhe des Kyrkjeglupen habe ich die Welt der grünen Wiesen und Bäume verlassen und tauche ein in das farblose Reich rund um den Kyrkja. Schwarz und weiß, weiß und schwarz. Was nicht schwarz ist, ist weiß. Und was weiß ist, ist Schnee. Nur der Himmel, gleichsam als alles überspannende Synthese, spiegelt sich grau in der Oberfläche der Seen. Wie still es hier ist. Und wie leblos und leer alles erscheint. Das Rauschen des Visa, das heute lange Zeit Wegbereiter war, vermag nicht, über den Kyrkjeglupen zu dringen.

Die Verbindung zwischen den Seen habe ich hinter mir gelassen. Ich stapfe durch eine Bodensenke auf den Berg zu. Dabei meide ich die bereits vom Schnee befreiten, aufgeweichten Stellen. Hier hätte ich keine Probleme, knöcheltief in dunklem Matsch zu versinken. Der Fuß des Kyrkja stellt sich mir anders dar, als ich es erwartet hatte. Ich hatte mir vorgestellt, die Filmaufnahme direkt vom Fuße einer der beiden Steilwände zumachen. Vom Fels der einen Wand erstreckt sich ein ausgedehntes Schneefeld, das an seinem Rand nur von den kleinen Seen in der Nähe des Weges unterbrochen wird. Ich weiß nicht, was sich unter diesem Schnee verbirgt. Darum möchte ich hier kein Risiko eingehen, 'verschütt' zu gehen, zumal meine Leute von meinem Abstecher nichts wissen. Sollte mir tatsächlich etwas zustoßen, so wüssten sie gar nicht, wo sie mich suchen sollten.

Die zweite Steilwand hat den Nachteil, dass sich an ihrem Fuß womöglich in Jahrmillionen ein Schotterhang aus erodiertem Gestein gebildet hat. Schätzungsweise 200 m höher beginnt erst der nackte Fels.

Ich will mein Vorhaben noch immer in die Tat umsetzen und so schicke ich mich an, diese letzte Hürde zu meistern. Dort, wo der Boden endlich trocken wird, lasse ich den Rucksack zurück. Der Hang ist sehr steil und ich bin schon etwas außer Atem, da ich mich auf meiner Extratour bisher sehr beeilt habe. Mir war von vornherein klar, dass meine Freunde mich überrunden würden, doch wäre alles meiner Vorstellung entsprechend verlaufen, so hätte ich problemlos wieder zu ihnen aufschließen können. Aber die Tatsachen, dass ich die Entfernung zwischen Pfad und Berg unterschätzt habe und der unerwartete Schotterhang aufgetaucht ist, haben mich völlig ins Hintertreffen geraten lassen. Jetzt habe ich mühsam die Hälfte des Hanges erklommen. Von Dagi, Rolf und Eva ist nichts zu sehen. Doch, halt! Bewegt sich dort, wo der Kyrkjeglupen ins Visdalen abfällt, nicht etwas? Richtig, ganz deutlich kann ich jetzt drei leuchtend rote Punkte ausmachen. Das sind sie! An diesen weithin sichtbaren Rucksackhüllen sollte ich sie erkennen. Ich hüpfe auf meinem Schotterhang winkend auf und ab - verliere dadurch ein paar Meter Höhe - und erreiche trotz allem nichts. Wie sollten sie mich auch bemerken? Ich und mein blauumhüllter Rucksack sind in unseren tarnfarbenen Kleidern auf diese Entfernung einfach unsichtbar. So ziehen sie denn achtlos vorüber. Ich verfolge noch einige Augenblicke ihren Weg und bemerke ca. 1 km vor ihnen eine weitere 3er Gruppe, die ebenfalls Richtung Leirvassbu wandert. Bis dort sind es noch ca. 5 km, denn der Leirvatnet, an dem die Hütte liegt, muß zum Teil umrundet werden.

Inzwischen habe ich mir ausgerechnet, dass es vor Erreichen der Hütte mit einem Aufschließen an meine Gruppe schwierig werden wird. Ich habe den Aufwand für diesen Abstecher zu sehr unterschätzt. Dennoch möchte ich nicht unverrichteter Dinge umkehren. Ein paar Meter höher bietet sich ein einzelner Felsblock an, mir zu assistieren und nach 10 Minuten habe ich den 'take' im Kasten.

Was nun folgt, wird in die Annalen des DNT eingehen: eine gnadenlose gegenseitige Verfolgungsjagd über Stock und Stein. Dabei versuche ich, meine Freunde einzuholen und sie mich. Seltsam, doch so steht es geschrieben!?

Und das kam so: Dagi, Rolf und Eva wussten nichts von meinem Vorhaben. Da ich beim Verlassen des Weges bereits einen Vorsprung erlaufen hatte, konnten sie meine Routenänderung aus geographischen Gründen nicht mit verfolgen. Als sie nun die oben erwähnte zweite 3er Gruppe so weit voraus erblickten und mich bei diesen Leuten wähnten, fühlten sie sich bei ihrem sportlichen Ehrgeiz gepackt und versuchten nun ihrerseits, diese Gruppe einzuholen. Was ich wiederum nicht wusste und mich nur wundern ließ, warum meine Kameraden plötzlich solch ein höllisches Tempo vorlegten. Schließlich kamen wir alle sieben fast gleichzeitig an der Hütte an.

Jetzt, bei heißem Kaffee und Kartoffelchips muß ich noch einmal über Rolfs verdutzten Gesichtsausdruck lachen, als er sich kurz vor der Hütte plötzlich umdrehte und mich von rückwärts ankommen sah, anstatt vorne bei der fremdem Gruppe zu sein.

Zwei Hüttenstationen können gegensätzlicher nicht sein als Leirvassbu und Spiterstulen, die wir gestern erleben durften. Dort, in Spiterstulen, das riesenhafte, kalte, unpersönliche, von Betonfetischisten erbaute Objekt und hier die gemütliche, warme, von dichter Atmo-

Jotunheimen

sphäre beseelte Station Leirvassbu. Das Haus scheint nur aus Holz zu bestehen. Mächtige geschälte Baumstämme stützen das Dach; dicke, grob behauene Balken tragen die Decken. Viele Fenster blicken aus dem Speisesaal auf den Leir-See. Das Eis des Winters auf ihm ist noch längst nicht wieder zu Wasser geworden. Im Innern der Hütte fühlt man sich geborgen, sieht man auf den kalten, unwirtlichen Leirvatnet vor dem dunkel aufragenden Schatten des Kyrkja. Geborgenheit, das ist es, was Spiterstulen niemals wird vermitteln können.

Leirvassbu ist so anheimelnd, dass wir uns kaum loseisen können. Aber wir wollen noch ein Stückchen weiter, um einen geeigneten Zeltplatz zu finden. Schweren Herzens quäle ich mich wieder in die feuchten Wanderschuhe. Noch etwa 1 km lang folgen wir einer zum Teil noch total verschneiten Schotterstraße entlang des Leirvatnet bis wir plötzlich die Schneegrenze hinter uns gelassen haben und weiche, grasbewachsene Gefilde immer häufiger werden.

Ohne zu zögern werde die Zelte an einem Ort errichtet, der einen weiteren Vorteil aufweist: richtet man die Zelteingänge nach WSW aus, so kann man vom Schlafplatz aus bequem auf einige der Hurrungane-Gipfel schauen. Am Abend reißt der Himmel noch einmal auf und die Abendsonne legt einen zartrosa Mantel um die schnee- und eisgepanzerten Zinnen des majestätischen Dyrhaugstind.

Jotunheimen

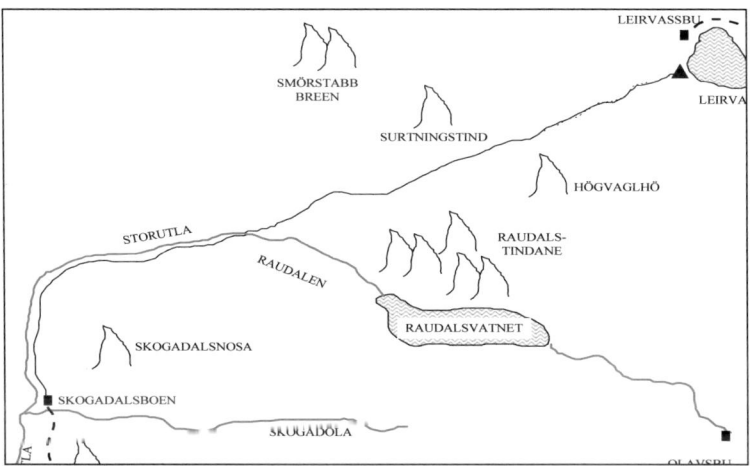

Dreizehnte Etappe: Leirvassbu - Skogadalsboen

Wärme dringt ins Zelt, vertreibt die letzten Reste nächtlicher Feuchtigkeit. Ungewohnte Helligkeit weckt mich und ich sehe Rolf vorstürmen, den Eingang zu öffnen. Dann lässt er sich zurückfallen, also ob dieser Akt ihn seiner letzten Kraft beraubt hätte, während ich mich auf den Rücken drehe und dann liegen wir nur da und nehmen mit aller Ruhe und Gelassenheit gierig dieses Bild in uns auf: grelles, pures Sonnenlicht, von keinem Wölkchen getrübt, spiegelt sich glitzernd auf dem langgezogenen Rücken des Dyrhaugstind, über dem sich leuchtendes Himmelsblau in einer endlosen Kuppel wölbt. Schauen und genießen. In Augenblicken wie diesen fühle ich mich unsagbar wohl. Ich denke daran wie lange diese steinernen Riesen schon auf uns winzige Menschen herabblicken. Vergängliche Wichte, die wir sind. Diese Berge werden noch manchen Sturm erleben, wenn der letzte Mensch schon lange nicht mehr ist.

Ich weiß nicht, wie lange wir so dagelegen haben. Aber irgendwann finden wir uns alle miteinander auf den Isomatten liegend an einem

Jotunheimen

kleinen grasbewachsenen Hang wieder, wo wir unter freiem Himmel frühstücken. Ein herrlicher Morgen.

Das wunderschöne Wetter motiviert ungemein; und so sind wir bald wieder 'back on the road again'. Und das im wahrsten Sinne des Wortes, denn die ersten 2-3 km werden wir auf der gestern beschriebenen Schotterstraße zurücklegen bis der Wanderpfad sich von ihr trennt. Wir haben Glück, dass es bei der brennenden Sonne stetig bergab geht. Wenn wir heute abend Skogadalsboen - die Hütte im Walde - erreicht haben werden, haben wir einen Höhenunterschied von 600 m erwandert und gleichzeitig mit 800 m Höhe den tiefsten Punkt unserer Wanderung erreicht.

Die Straße windet sich in zahlreichen Kurven zwischen den Bergen hindurch. Wie drohende Wächter, die darauf achten, dass wir den richtigen Weg nehmen, ragen die schroffen, schwarzen Gipfel sehr nahe der Straße in den Himmel. In unserem Rücken blicken uns der Kyrkja und die Tverrobottntindane nach, deren Gletscher im Sonnenlicht ebenso leuchten wie die Eiskappen der Smörstabbtindane.

Je weiter wir voranschreiten, desto mehr schwinden die letzten Schneereste und machen den Pflanzen Platz, die in frühlingshaftem Erwachen die Hänge begrünen.

Bald haben wir die Weggabelung erreicht und folgen nun dem schmalen Pfad, der wieder über Stock und Stein nahe des Storutla-Flusses verläuft. Surtningstind und Högvaglhö schieben sich weit ins Tal vor, so dass ihre majestätischen Flanken zum Greifen nah erscheinen. Wenig später rücken links voraus die Raudalstindane ins Blickfeld. Zwischen diesen und den weiter westlich liegenden Gipfeln des Skogadalsnosa liegt das Raudalen, das in spitzem Winkel auf das Storutladalen trifft, in dem wir, unter der Hitze leidend, weiter in Richtung WSW vordringen. Erst ca. 2 Stunden später haben wir die Ausläufer der Raudalstindane so weit umrundet, dass wir einen Blick in das Raudalen selbst werfen können. Lieder bietet sich uns nur der Anblick auf einen Geröllhang aus gigantischen Felsquadern, denn die Sohle des Raudalen liegt etwa 200 m höher als die des Storutladalen.

Jotunheimen

Böge man ins Raudalen ab und wanderte man in östliche Richtung, so käme man zur Olavsbu, dem Endpunkt unserer zweiten Tagesetappe. Stattdessen bewegen wir uns wie gehabt weiter bis der Pfad sich urplötzlich in direkte Nachbarschaft des Storutla begibt, der aus dem Raudalen mit zusätzlichen Wassermassen versorgt wird. In der Tat weitet sich das Flussbett und kurz darauf finden wir einen herrlichen Rastplatz an seinem Ufer. Wir lagern an einer Stelle, wo der Fluss in wannenartigen, ausgewaschenen Vertiefungen sein kristallklares Wasser in Wirbeln sammelt, das er sodann durch den natürlichen Engpass einiger Felsen zwängt und in Kaskaden auf den Grund eines schluchtartigen, ca. 30 m tiefen Felsenkessels bringt, von wo aus der Storutla seinen Weg gemächlich fortsetzt. Ein leichter Wind umspielt mein Haar, während ich dem stahlblauen Band nachschaue und es scheint, als winde es sich geradewegs auf den Dyrhaugstind zu, als sei es ein geheimer Pfad in die lockenden Hurrungane.

Rolf und ich plantschen schon längst im eiskalten Nass, waschen Schmutz und Schweiß der letzten Tage von den abgezehrten Leibern, während die Frauen noch damit beschäftigt sind, einen ihnen genehmen Platz zu finden. Schließlich ziehen sie die ruhigere Fließgeschwindigkeit unten im Felsenkessel den strömungsreichen 'Badewannen' vor.

Der durch stundenlangen Sonnenschein und körperlicher Anstrengung aufgeheizte Leib empfindet die erste eisige Umklammerung des Storutla doppelt hart. Doch schon beim zweiten Untertauchen weicht das Empfinden bitterer Kälte dem Gefühl wohliger Erfrischung. Ich verlasse meine Wanne erst als Finger und Zehen langsam farb- und gefühllos werden. Wieder an Land, fühlt man sich nur noch wohl. Ich folge Rolf einige Meter flussauf, der es sich schon auf glattgeschliffenen, von der Sonne erwärmten Felsplatten gemütlich gemacht hat. Ich tue es ihm gleich und schon bald haben mich die Sonnenwärme, ein leiser Windhauch und das sanfte Murmeln des Flusses eingelullt.

Jotunheimen

Natürliche Badewanne

Irgendwann siegt Kaffeedurst über Faulfieber. Also erhebe ich mich träge und fertige gemächlich eine Kanne Kaffee. Zwei dampfende Becher voll köstlichen Gebräus in meinen Händen finde ich Dagi und Eva irgendwo zwischen den Kaskadenfelsen. Zwei weitere dampfende Becher werden durch die flimmernde Luft zu Rolf getragen, wo ich mich erschöpft niederlasse. Liegt es wirklich nur an der Hitze, dass ich mich so zerschlagen fühle oder sind auch die mittlerweile geschwundenen Kraftreserven in den Kalkül mit einzubeziehen? Schließlich ist heute unser 14. Wandertag.

Skogadalsboen, dem Namen nach muß diese Hütte sich im Wald befinden. Und dann, wir haben gerade die westlichsten Flanken des Skogadalsnosa umrundet, tauchen wir plötzlich in dichten Birkenwald ein. Ein schmaler Saumpfad am Hang führt durch das dichte Laubwerk. Das Blätterdach schirmt uns vor den grellen Sonnenstrahlen ab, von denen nur einige wenige durch winzige Lücken bis auf den Boden dringen. Das Ergebnis ist ein verwirrendes Licht- und Schattenspiel, bestens geeignet, Unmengen von Steinen und Wurzeln, die den schma-

Jotunheimen

Trinkpause bei Skogadalsboen

len Pfad bevölkern, zu Stolperfallen werden zu lassen. Das und der Treibhauseffekt dieses nordischen Matto Grosso erschweren das Vorankommen zusehends. Und doch tut es den pflanzenentwöhnten Augen gut, nach der langen Zeit in Schnee und Geröll von so unglaublich viel Grün umgeben zu sein. Ab und zu gestattet eine klaffende Lücke in der grünen Wand zu unserer Rechten einen Blick hinunter in das Utladalen. Gewaltige Schmelzwasserbäche, weiß schäumend vor dem Hintergrund des frischen Grüns, stürzen in der Ferne lautlos zu Tale. Die farbliche Harmonie in diesem sonnendurchfluteten Tal ist eine wahre Augenweide.

Keine Ahnung, wie lange wir uns schon durch diesen Wald kämpfen, doch auf einmal - völlig unvermutet hinter einer Kurve - sind wir am Ziel: Skogadalsboen!! Der Anblick dieser wunderschönen Hütte macht mein Herz und meine geschundenen Füße jubeln.

Mehrere Wanderer lümmeln sich lässig in die Wiese vor der Hütte und beäugen neugierig die Neuankömmlinge. Ich bin nur froh, Rucksack und Schuhe endlich von mir werfen zu können. Wenig später errichten wir die Zelte auf einem Hügel etwas oberhalb der Hütte inmitten einer kniehohen, üppig blühenden Wiese. Ich bin tief zufrieden, das zu erleben, was Knut Hamsun mit 'des Nordlandsommers ewigen Tag' gemeint haben könnte; wenn ich vor dem Zelt hocke und Umschau halte über die Berge und die Wälder, die Flüsse und die Täler. Und ich denke, fühle, wünsche mir die Unvergänglichkeit der Schönheit der nordischen Landschaft. Dieses Panorama ist eine wahre Sinfonie heiterer Empfindungen.

„Geht jemand mit? Unten gibt's eine warme Dusche und prima Heidelbeerbier." Rolfs Worte sind kaum verklungen, da sieht man ein mit Handtüchern und Waschzeug bewaffnetes Quartett eine Schneise in das hohe Gras treten.

Gereinigt und erfrischt betreten wir später die Hütte, ein nach altem Stil erbautes, gemütliches Kleinod mit einem durch viele Fenster sonnenhellen Aufenthaltsraum. In Skogadalsboen treffen sich 'Wanderer

Jotunheimen

aus Leidenschaft', denn diese Hütte zu erreichen ist immer mit körperlicher Anstrengung verbunden. Automobilen Touristen bleibt diese
Oase des Friedens und der Ruhe verwehrt. Wer hierher kommt, ist von
Idealismus getrieben. Ich spüre die dichte Atmosphäre einer friedvol-
len, heilen Welt wie selten zuvor. Mag sein, dass eine solche Empfin-
dung von 'Tagesfaktoren' abhängig ist (wie z.B. das Wetter), aber sie
ist gegenwärtig und wegen ihres besonderen Charakters wird sie im
Gedächtnis haften bleiben. Dessen bin ich sicher.

Idylle in den Bergen

Jotunheimen

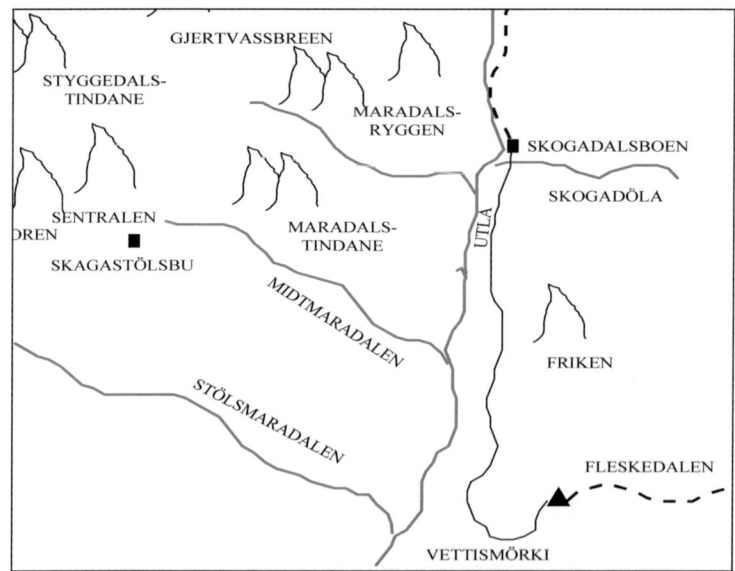

Vierzehnte Etappe: Skogadalsboen - Fleskedalen

Es fällt mir schwer, dieses Fleckchen Erde zu verlassen. Heftiger Regen hätte mir den Abschied von Skogadalsboen sicherlich erleichtert; stattdessen haben wir wieder diesen fantastisch blauen Himmel über uns. Schweren Herzens stapfe ich meinen Kameraden in Richtung Vetti hinterdrein. Durch abermals dichten Birkenwald, über einen felsigen, teilweise verschlammten Pfad kämpfen wir uns bergan, bis die Baumgrenze am Hang des Friken erreicht ist. Schweißtreibende 300 Höhenmeter haben wir bis zu dieser Stunde hinter uns gelassen. Eva und ich bilden die Vorhut und so machen wir es uns auf einer Felsengruppe bequem, während Rolf und Dagi sich unaufhaltsam nähern.

Das Utladalen, auf dessen Grund der Utla ca. 500 - 600 m unter unseren Füßen südwärts zieht, scheint weit im Süden im Dunst eines hochsommerlichen Tages zu verschwinden. Doch ist der Dunstschleier

Jotunheimen

nicht dicht genug, die zum Teil fast senkrecht abfallenden, grün bewachsenen Talwände vor unseren Blicken zu verbergen. Ich sehe Sturzbäche, die ihren Ursprung in den Hurrungane haben. Die gegenüberliegende Talseite geht übergangslos in die östlichen Ausläufer der Hurrungane über. Direkt uns vis-a-vis befindet sich Rolandsnosa (1.516 m), in unmittelbarer Nachbarschaft zum Maradalsryggen (1.571 und 1.368 m). Hinter diesen bauen sich die wahren 'Jotuns', die wahren Riesen auf, die diesem Gebiet seinen Namen gegeben haben: Maradalstindane (1.930 m), Styggedalstindane (2.387 m), Gjertvasstind (2.351 m), Sentralen (2.348 m), der in der Mitte liegt, Storen (2.403 m), der Große und noch einige andere, die alle mindestens 2.000 m Höhe vorweisen können.

Dagi und Rolf haben mittlerweile aufgeschlossen und schon kurz darauf legen wir unterhalb des Friken noch ca. 2-3 km zurück. Dann haben wir die Stelle direkt gegenüber dem Midtmaradalen erreicht. Wir befinden uns etwa in Höhe der Sohle dieses ebenmäßigen Trogtals, so dass wir es bis an sein Ende, an dem eine schier unüberwindliche Felsbarriere jede Wanderung abrupt zu beenden scheint, übersehen können. Wir beschließen eine größere Pause, während der man sich entweder in die wieder spärlich gewordene Botanik bettet oder das Midtmaradalen genauer in Augenschein nimmt. Schließlich sah unsere ursprüngliche Wanderroute u.a. genau dieses Tal vor, das wir zu durchqueren dachten, um über die Felsbarriere hinweg auf den Skagastölsbreen zu gelangen und so in direkter Nähe von Dyrhaugstind und Skagastölstindane zu wandern. Nach Überquerung des Skagastölsbreen hätte uns die Route über den Ort Turtagro im weiteren Verlauf ostwärts über den großen Gletscher Fannaraken und schließlich auf den Pfad durchs Storutladalen in Richtung Leirvassbu geführt.

Wie sehr viel weiter oben dargelegt, hatte das Wetter uns allerdings eine Planrevision auferlegt.

Das gezielte Interesse unserer jetzigen Beobachtungen gilt der Felsbarriere, in die eine romantische DNT-Hütte, die Skagastölsbu, integriert ist. Allerdings ist entweder die Tarnung der Hütte perfekt oder das Fernglas zu schwach. Die Hütte bleibt unsichtbar.

Beiläufig fragen wir uns verwundert, wie es denn möglich sei, den fast senkrechten Hang des Utladalen zu traversieren, um überhaupt ins Midtmaradalen zu gelangen. Diese Frage beschäftigt insbesondere Dagi. Aber auch uns beiden Herren der Schöpfung, die wir solchen Fragen ungleich gelassener gegenüberstehen, scheint ein eventuell vorhandener Pfad - denn es ist aus unserer jetzigen Position keiner zu erkennen - mindestens schwierig zu sein. Nun, wir werden es beim nächsten Mal vielleicht aus nächster Nähe beurteilen können...?

Ich fühle mich heute schlapp. Der Aufstieg von Skogadalsboen bis her herauf hat mich ziemlich mitgenommen. Irgendetwas steckt mir in den Knochen, was mir die Kraft nimmt. Darum bin ich froh, dass schon ca. 1 Stunde nach dem Aufbruch vom letzten Rastplatz der Friken umrundet ist und der Abstieg über seine Ausläufer hinunter ins 300 m tiefer gelegene Fleskedalen beginnt.

Ich habe das Gefühl, dass mir dieser Abstieg mehr zu schaffen macht als der gesamte bisherige Tag. Einzige Ablenkung auf diesem steilen Pfad ist der Blick voraus auf die grünen Wiesen und sumpfigen Flächen von Vettismörki, die friedlich im Licht der späten Nachmittagssonne schlummern. Doch bevor wir dieses idyllische Plätzchen erreichen, schwenken wir hart nach Osten ab in das Fleskedalen. Beinahe hätten wir diese Abzweigung verpasst, denn der Fleskedalen-Pfad ist kaum zu erkennen und teilweise schon fast zugewachsen. Dies als Hinweis auf die Häufigkeit der Benutzung dieses Weges.

Nach und nach tritt der Pfad etwas deutlicher zutage, so dass einzig das Fehlen eines geeigneten Lagerplatzes sowie die immer lästiger werdenden Mücken und Bremsen problematisch werden. Nach einigen fehlgeschlagenen Versuchen, den Fleskedöla zu überqueren, um am jenseitigen Ufer zu zelten, wandern wir solange weiter bis eine buschfreie, etwas holperige Wiese unmittelbar am Fluss, die zudem mückenfrei ist, sich als Lagerplatz anbietet.

Jotunheimen

Ich bin froh, dass für heute 'Schicht' ist und ich glaube, den anderen geht es ebenso. Binnen weniger Minuten haben wir das Fleckchen Wiese, das für die Nacht auserkoren wurde, in ein barbarisches Schlachtfeld aus Rucksack-Utensilien verwandelt: Liegematten, Schlafsäcke, Handtücher, Kleidungsstücke, Fotoapparate - nahezu der gesamte Inhalt aller unserer Rucksäcke liegt weit verstreut.

Dessen ungeachtet raffen Rolf und ich uns auf, werfen unsere Körper in die kalten Fluten des Fleskedöla und finden uns völlig entkräftet, aber sauber auf den Liegematten wieder. Mit letzter Kraft schleppe ich mich Minuten später aus der prallen Sonne in den spärlichen Schatten einer Krüppelbirke. Jetzt will ich nur noch abhängen.

Down and out im Fleskedalen

Jotunheimen

Donnerstag, 16.7.87

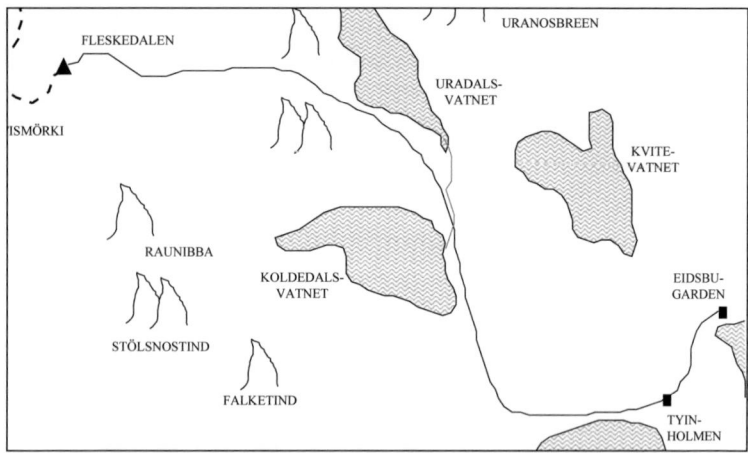

Fünfzehnte Etappe: Fleskedalen - Eidsbugarden

Ich wache auf und fühle gleich, dass es mir bedeutend besser geht als gestern. Weiß der Kuckuck, was mich da so gebeutelt hat. Leider verhält es sich wettermäßig genau umgekehrt. Es ist stark bewölkt und es steht zu befürchten, dass wieder Regen angesagt sein wird.

Das Frühstück verläuft etwas schweigsamer als sonst, hängt doch jeder seinen Gedanken nach, die um das bevorstehende Ende der Wanderung kreisen. Die heutige Etappe wird die letzte und gleichzeitig längste sein (22 km). Davon werden die letzten 8 km auf einer Schotterstraße längs des Koldedalsvatnet und Koldedöla sowie des Tyin-Sees zurückgelegt.

Doch noch sitzen wir im Fleskedalen am Fuße der östlichen Flanke des Friken. Ich kann mich nur schwer an den Gedanken gewöhnen, heute Nachmittag schon wieder im Auto zu sitzen. Dementsprechend gemächlich vollzieht sich die Rucksackpackerei trotz des einsetzenden Nieselregens. Meine prüfenden Blicke in die graue Wolkendecke über dem imposanten Raunibba südsüdöstlich von uns verheißen keine Aussicht auf Wetterbesserung. Der Raunibba (1.573 m) mit seiner

Jotunheimen

markanten Form, die an einen steinernen Thron erinnert, wird der unermesslichen Zahl seiner erlebten Regentage wieder einen hinzufügen können.

Bis hinter den Raunibba steigt das Gelände sanft an und das Fleskedalen verengt sich zusehends. Nun ist der Boden mehr von Schneefeldern bedeckt als er schneefrei ist. Einige dieser weißen Flächen muten brüchig an und häufig rauscht fließendes Wasser unter ihnen. Vorsichtshalber werden einige von diesen potentiellen Stolperfallen umgangen, doch wo der Umweg zu groß wäre, gehen wir das Risiko nasser Füße ein.

Die Berge türmen sich ringsum auf als würden sie immer näher zusammenrücken. Selbst der augenscheinlich beste Weg, aus diesem Tal herauszukommen, ist nicht gangbar. Wir suchen verzweifelt nach Hinweisen, die uns den rechten Weg weisen. Selbst der Kompass hilft uns momentan nicht weiter. Dagi befürchtet, dass sich das fast senkrecht an den Fels lehnende Schneefeld, hinter dem sich als einzige Stelle kein spitzer Tind erhebt, als der gesuchte Pfad entpuppen wird. Von düsteren Ahnungen gequält, erkundigt sie sich sicherheitshalber nach dem Seil.

Ein kalter, scharfer Wind fegt uns über das Schneefeld entgegen. Erst kurz vor Erreichen der unüberwindlichen Felswand entdecken wir erst ein, dann noch ein Steinmännchen, die den Anfang eines in Haarnadelkurven verlaufenden Pfades markieren. Odin sei Dank, der Kelch des Schneefeldes ist noch einmal an uns vorübergegangen. Wir legen so einige Höhenmeter auf den Serpentinen zurück und gelangen in ein kleines, noch engeres Hochtal, dessen Sohle gänzlich mit Schnee bedeckt ist. Nur die Seite zu unserer Linken, ein Geröllfeld aus dicken Felsbrocken, ist schneefrei. An der rechten Seite reicht der Schnee bis an die Steilwände heran. Das Ende dieses natürlichen Windkanals bildet ein weiteres Bandet, das diesmal allerdings problemlos zu überwinden scheint.

Zunächst turnen wir noch kunstvoll auf den Felsen herum, doch dank unserer suboptimalen cw-Werte artet diese Geschichte in einen nicht ungefährlichen Eiertanz aus. Der Wind bläst mit vehementer Wucht.

Jotunheimen

Letztes Geröllfeld im Fleskedalen

Als eine kraftvolle Bö Rolfs Rucksackhülle fortreißt und uns zum wiederholten Male gefährlich straucheln lässt, vertrauen wir uns nun doch lieber der unbekannten Schneedecke an. Im Gänsemarsch streben wir mit vom Winde tränenden Augen dem Bandet zu.

In der Tat ist es ein leichtes Hindernis und kaum ein paar Meter unterhalb des jenseitigen Randes lässt die Wirkung des Windes abrupt nach. Mir ist gleich viel wärmer, auch wenn ich bis zu den Knien im Schnee stecke. Vor uns liegt der Uradalsvatnet, die düster blaue, Eiseskälte verheißende Wasserfläche vom Wind gekräuselt und bewacht vom Uranostind, der seinen messerscharfen Grat stolz in die grauen Wolken reckt. Der viele Schnee kommt uns jetzt sehr gelegen, erleichtert er doch ganz erheblich das Fortkommen über die sonst ausnahmslos gerölllige Landschaft rund um den See. Noch eine gute Stunde kämpfen wir uns über den 'edlen Faltenwurf' dieser kalten und nassen Gegend bis die Schotterstraße am Fuß des letzten Hanges sicht-bar wird.

Jotunheimen

Einerseits bin ich froh, diese feuchte Tortur der letzten Kilometer hinter mir zu haben, andererseits bedeutet die Straße, dass diese Wanderung durch die Bergwelt Jotunheimens in wenigen Stunden unwiderruflich zu Ende gehen wird.

Schließlich sind die letzten 8 Schotterkilometer bis Tyinholmen auch geschafft. Etwas abgespannt gönnen wir uns erst einen heißen Kaffee bevor Rolf und ich nochmal die Stiefel überstreifen und die wirklich letzten 4 Kilometer über asphaltierte Straße nach Eidsbugarden pilgern, um von dort das Auto zu holen.

So schließt sich denn der Kreis unserer 18 Tage währenden Fjell-Tour.

Die Wanderung ist nun beendet. 18 erlebnisreiche Tage liegen hinter uns, die sich ins Gedächtnis brennen.

Das ist eine Reise, von der man lange zehrt. Hier bilden sich Erinnerungen, die sehr langen Bestand haben werden. Auch nach Jahrzehnten weiß man noch genau, wie steil der Aufstieg war, fühlt man noch die schneidenden Rucksackgurte und die müden Knochen. Aber genauso deutlich stehen die atemberaubenden Panoramen, die man sich aus eigener Kraft erarbeitet hat, vor dem geistigen Auge.

Druckstellen vom Liegen am Pool werden kaum eine derartige Nachhaltigkeit erzielen.

Diese Reise ist eine Reise jenseits des Pauschaltourismus, aber keine Expedition. Schaffbar für Jedermann; wenn man es nur will und die Randbedingungen akzeptiert. Körperliche Anstrengung, mitunter ätzendes Wetter, im Grunde miserable Verpflegung – und das alles in den „kostbarsten Wochen" des Jahres – sind nicht die schlagkräftigsten Argumente *für* einen solchen Urlaub.

Das muß schließlich jeder mit sich selbst ausmachen. Ich persönlich kann mir keine andere Art vorstellen, eine Reise *erlebt* zu haben. Daher freue ich schon jetzt auf die nächste Trekking-Tour – auch wenn ich das eine oder andere Jahre darauf warten muss…

Jotunheimen

Mein erster Skandinavien-Kontakt gestaltete sich in Form eines Hüttenurlaubs in Mittelnorwegen, genauer gesagt: direkt am Nordfjord kurz hinter dem Örtchen Olden am Ende des Fjords.

Trotz der sehr feuchten Witterung fast während des gesamten 3wöchigen Aufenthalts hat es mich dort gepackt. Atemberaubende Landschaften und die Dritten kaum wiederzugebenden Stimmungen, die ich auf Tagestouren rund um den großen Jostedal-Gletscher erfahren durfte, haben mich seitdem nicht mehr losgelassen. Es folgten mehrere 2-3wöchige Rucksacktouren sowohl in Mittelnorwegen (2x Jotunheimen) als auch im Hohen Norden in Lappland: Kungsleden, Padjelantaleden, Grenzpfad von Troms; 3 x Sarek-Nationalpark.

Das Erleben bisher ungekannter Weiten, des Gefühls der Freiheit und Ungebundenheit, der das Zeitgefühl dahinraffenden Mitternachtssonne, der Wertschätzung bei Befriedigung der Grundbedürfnisse übt eine nach wie vor ungebrochene Faszination für diese Region auf mich aus. „Der Weg ist das Ziel" ist für mich tatsächliche Maxime. Das Bewegen in der Natur und der durch das Fehlen jeglicher zivilisatorischer Berührungspunkte ungebrochene Genuss der herrlichen Landschaft ist immer wieder berauschend. In leichter Abwandlung des Satzes, den der Kameramann **Dietrich B. Sasse** in den 1950er Jahren über Lappland prägte, kann ich nur bestätigen:

> „Wer einmal im Nordland gewandert, ist seinem Zauber verfallen.
> Er kann den Bann nur brechen durch seine Wiederkehr!"

Klaus Heyne

Jotunheimen

Einige topographische Namenselemente:

bre, breen	= Gletscher
Bu, boen	= Bucht
dal, dalen	= Tal
heim	= Heimat, Heim
fjell	= Gebirge
skog	= Wald
tind	= spitzer Berg
vatn, vatnet	= See
DNT	= Den Norske Turistföreningen
	(Norwegischer Wanderverein)

BIBLIOGRAPHIE

Zwei im Sarek:
Wandern unter der Mitternachtssonne
ISBN: **978-3839134092**

Zwei zum ersten Mal im Sarek:
Wandern im Land der Samen
ISBN: **978-3844802054**

...nur noch bis dahinten!
Trekking im Sarek
ISBN: **978-3732234325**

...just till over there!
Trekking Round the Arctic Circle
ISBN: **978-3735778499**

Anregungen und Kritik sind willkommen.

Bitte schreibt an: klaus.heyne@web.de
Besucht auch: www.longdistancetrekker.jimdo.com

Jotunheimen

IMPRESSUM

Titel	Jotunheimen : Wandern in der Heimat der Riesen / Klaus Heyne
Person(en)	Heyne, Klaus
Ausgabe	2. Aufl.
Verleger	Norderstedt : Books on Demand
Erscheinungsjahr	2014
ISBN	9783839136485
Umfang/Format	ca. 100 S. : 41 z.T. farb. Ill. ; 210 mm x 148 mm,
Sachgruppe(n)	910 Geografie, Reisen
Erscheinungstermin	Oktober 2014

Herstellung und Verlag:
Books on Demand GmbH, Norderstedt